Métropolia et Périphéria

Du même auteur

Les Dépossédés, Flammarion, 2022
Dialogue périphérique (avec Sacha Mokritzky), Zinc, 2022
Le Temps des gens ordinaires, Flammarion, 2020 ; Champs Flammarion, 2021
No Society, Flammarion, 2018 ; Champs Flammarion, 2019
Le Crépuscule de la France d'en haut, Flammarion, 2016 ; Champs Flammarion, 2017
La France périphérique, Flammarion, 2014 ; Champs Flammarion, 2016
Fractures françaises, François Bourin, 2010 ; Champs Flammarion, 2013
Atlas des nouvelles fractures sociales en France (avec Christophe Noyé), Autrement, 2004
Atlas des fractures françaises, L'Harmattan, 2000

Christophe Guilluy

Métropolia et Périphéria

Un voyage extraordinaire

Flammarion

ISBN : 978-2-0804-6009-7

Pour Héloïse, Adèle et Nine

Avant-propos

Métropolia et Périphéria est certainement celui des livres que j'ai écrits qui contient le moins de chiffres, de tableaux et de références, mais c'est pourtant le plus précis. Il recourt aux moyens de la fiction pour s'approcher le plus possible de la réalité.

Le titre est né d'un constat. La fracture entre les métropoles et ses périphéries a été identifiée il y a plus de vingt ans. Depuis, nous croulons sous les diagnostics, les tableaux de bord, les analyses, sans qu'aucun gouvernement n'entame le moindre commencement d'aggiornamento. Jamais nos dirigeants n'ont été autant informés, et jamais ils n'ont été aussi aveugles et sourds à la réalité. Un dôme de chiffres empêche de voir le terrible schisme culturel qui met en péril l'existence des sociétés occidentales.

Nous avons fait, je crois, une erreur formidable sur cette question existentielle, c'est de croire qu'elle était mesurable. À mes yeux, nous avons négligé le mystère de la société et de ceux qui la portent. Or la substance des gens ordinaires, leurs valeurs, leur spiritualité ne sont pas réductibles aux chiffres.

Ce récit affirme avec force que nous ne sommes pas programmables, que notre reconstruction ne passera pas par la modélisation, mais par un retour à la réalité sociale et culturelle. Le détour par la fable permet de contourner l'impasse statistique qui occulte la dimension existentielle de l'orage qui frappe l'Occident.

La forme allégorique des trois chapitres – « Métropolia et Périphéria », « Genèsia » et « Michkyne » – entend percer la brume opaque des représentations officielles en laissant filtrer la lumière ordinaire.

Métropolia et Périphéria, ou l'histoire de deux planètes qui hier n'en formaient qu'une. Une histoire française, ou une histoire américaine, car c'est en réalité l'histoire contemporaine des pays occidentaux : celle d'une crise civilisationnelle et démocratique. La lumière généreuse du conte permet d'éclairer l'absurdité d'un modèle qui n'est plus porté que par l'*hubris* de Métropolia, un petit monde qui a imaginé se débarrasser des plus modestes en prônant des valeurs et une organisation qui affligent la condition humaine.

Dans le sillage lumineux de cette fable, et à son origine, j'ai raconté un voyage initiatique, qui est sans doute le mien : « *Genèsia* », le chapitre 2. J'y décris mon arrivée, dans ce que Jack London appelait « le salon », et le parcours d'une représentation du monde qui bouscule le clergé.

Le troisième chapitre, « Michkyne », librement inspiré de *L'Idiot* de Dostoïevski, est une réponse à ce chaos. Contre les affrontements stériles et absurdes d'une classe politique hors sol, Michkyne, qui porte la voix des classes populaires, y réaffirme à toute force la possibilité d'une vie décente.

Première partie

Métropolia et Périphéria [1]

La carte de l'univers

Dans l'univers, un astre était à l'origine de la vie. Cette planète mère avait pour nom « Métropolia ». Pour les clercs-astronomes, seuls habilités à dessiner les contours de la carte céleste, cette étoile était au centre du cosmos. Leurs savants calculs avaient déterminé que toutes les planètes tournaient autour de cet astre sacré. C'était le cas de Périphéria, la plus proche, dont on disait qu'elle accomplissait sa révolution en une année.

La coutume était aussi d'exagérer sa taille. D'ailleurs, on avait pris l'habitude de l'appeler « la Géante » ou « la Lumineuse » – une hyperbole pour décrire ce qui n'était en fait qu'un amas de béton. Sur la carte qui ornait l'entrée de tous les bâtiments officiels, on ne voyait qu'elle. Périphéria, pourtant plus peuplée et plus étendue, était si microscopique qu'elle semblait être le satellite de l'autre.

Ces représentations farfelues faisaient sourire les Périphériens, qui avaient surnommé l'Étoile mère la

« planète gazeuse » ou « fumeuse », une façon malicieuse de moquer les clercs, mais aussi de rappeler à Métropolia qu'elle baignait dans un nuage de pollution.

Un jour, les autorités commandèrent un planisphère extraordinaire pour illustrer Métropolia dans ses plus intimes détails. C'était un énorme défi. Les plus grands artistes de la planète s'attelèrent à la tâche et, en un temps records, réalisèrent ce qui est encore considéré comme le plus grand chef-d'œuvre de l'art métropolien : le planisphère de l'univers.

Quelques mois plus tard, les clercs déployèrent le rouleau sacré qui représentait les deux planètes. On y distinguait bien sûr des détails géographiques – fleuves, montagnes, citadelles fortifiées – mais aussi, plus étonnant, deux personnages en guise de décorum. Le premier, un homme avec une soutane, certainement un prêtre, pointe Périphéria de son index. Le second, l'empereur, qui, ne perdant pas une miette des explications du clerc, semble ricaner de la petitesse de cette misérable outre-terre.

Sur le frontispice qui accompagnait le planisphère, gravé sur une guirlande en lettres d'or, on distinguait la devise officielle de Métropolia : « Ne pas savoir mais croire ». Cette devise, dit-on, serait inspirée du grand livre de Métropolia, *Le Mécanisme universel.* Et, comme une promesse de ne jamais rien changer, en rouge, dans le coin inférieur droit du planisphère, « Ne varietur » (« Sans possibilité de changement »).

Fidèles à cette devise, qui était aussi une éthique de vie, les clercs travaillaient jour et nuit à produire des argumentaires et représentations qu'il était impossible de contester.

C'est ainsi qu'après avoir collecté des milliards de données, observé l'espace avec des TI (« Télescopes Intelligents »), il avait été démontré que Métropolia était la première source de lumière, de richesse et surtout d'intelligence de l'univers. Mais la découverte la plus étonnante et rassurante était que la puissance de cette énergie suffisait, par ruissellement, à assurer la vie et l'abondance de tous les autres territoires. Nous vivions bien dans le meilleur des mondes possibles (et les clercs-astronomes s'empressaient de donner leurs conclusions aux clercs-journalistes pour qu'ils puissent le faire savoir au monde entier).

Évidemment, la représentation cartographique de l'univers n'était pas perçue de la même manière, selon que l'on vivait sur l'une ou l'autre des deux planètes, mais pas pour les raisons que vous imaginez. À Métropolia, les habitants ne se formalisaient aucunement à l'idée de représenter par deux planètes deux univers qui n'en faisaient qu'un il y a à peine un demi-siècle. Il faut dire que, pendant cette période, ils avaient perdu toute notion de l'espace et du temps.

Leur obsession de vouloir gagner du temps, et, mieux, d'en devenir et d'en demeurer les maîtres grâce à la technique, leur avait fait perdre tout repère temporel, mais aussi tout repère spatial. Ils entreprenaient parfois des travaux pharaoniques pour construire des CFEV, « Couloirs Ferroviaires à Extrême Vitesse », pour gagner quelques minutes et rejoindre des lieux de villégiature ou de travail, où, bien évidemment, ils cherchaient à... tuer le temps. Toujours hypermobiles, ils évoluaient dans une géographie virtuelle, où l'histoire et les territoires avaient été abolis. Ils étaient donc sujets à une forme de désorientation spatiotemporelle qui les rendait incapables de se repérer dans l'espace. Devenus non pas maîtres, mais esclaves du temps, ils étaient aussi esclaves de leurs autorités, qui les guidaient numériquement dans toutes les activités du quotidien.

Pour les Métropoliens, aucune vie humaine n'existait au-delà des limites de la ville et de ses dépendances. Cette ignorance des autres territoires les poussait à manier l'hyperbole : ils avaient accolé le mot « Uber » à tous les services de la vie courante. Cette expression ridicule faisait rire les habitants des Périphéries, qui la prononçaient « Über », allusion à un régime totalitaire du siècle passé.

Les Métropoliens vivaient comme si hier n'avait jamais existé. L'effacement de l'histoire et du passé était la grande affaire de Métropolia. Chaque jour était ainsi un nouvel éveil. C'est d'ailleurs ce qui expliquait qu'on employait indifféremment les mots « éveillés » ou « Métropoliens » pour les désigner.

Les éveillés évoluaient dans une confortable bulle culturelle, où toutes les représentations officielles venaient renforcer leur croyance en eux, et celle d'être sur la carte virtuelle, au centre de la terre du milieu.

À Périphéria, au contraire, personne n'imaginait que l'organisation de l'univers pût être aussi absurde, que l'axe de rotation de leur planète dépendît d'un amas de béton. On ne croyait pas non plus aux représentations cartographiques des géographes d'État, qui n'avaient de cesse de trafiquer leurs données (ils parlaient de modélisation) pour marginaliser leur présence sur la carte. Il y a quelques décennies, quelques astronomes périphériens avaient bien tenté de contester cette représentation de l'univers en démontrant qu'une seule planète ne pouvait être la matrice de toute création dans le monde. Mais la raison et le doute ayant été congédiés depuis fort longtemps à Métropolia, leurs travaux furent jugés sans fondements, et les contestataires furent privés de leur droit à argumenter, voués aux gémonies et taxés de servir des intérêts politiques dangereux.

À Périphéria, la carte et le territoire étaient, avec l'histoire, des notions importantes et respectées. On savait que la représentation cartographique de deux planètes séparées était une invention récente. D'ailleurs, les anciens avaient encore le souvenir de l'époque où les deux univers communiquaient, où l'on se déplaçait avec la même carte, « la carte du bien commun », grâce à laquelle on pouvait circuler à pied d'un univers à l'autre. Aujourd'hui, tous les

Périphériens savent parfaitement que, s'il est encore possible de franchir les frontières des deux entités, cela requiert le courage et la patience d'emprunter les vallées interdites.

À Périphéria, la perception du monde, contrairement aux absurdités alambiquées de Métropolia, était d'une cruelle simplicité. On soupçonnait même les autorités de diffuser autant d'absurdités pour faire perdre aux gens leur discernement, jusqu'à les rendre fous. Rien n'avait de sens, puisque tout était insensé. Plus les représentations cartographiques du monde étaient absurdes, moins la réalité avait d'importance, ce qui perturbait l'esprit et annihilait toute volonté. À la fin, il s'agissait de réduire l'homme à néant, de l'écraser, pour qu'il se contente de vivre pour satisfaire son Moi.

À Périphéria, en revanche, les gens avaient de plus en plus conscience que l'univers n'était pas aussi insensé, mais qu'il était seulement régi par la plus abominable bande de gredins qui eût jamais souillé le sol de leur planète. Des gredins qui n'utilisaient que le langage et la cartographie inversés pour communiquer. Cette technique faisait ainsi passer le plein pour le vide, la marge pour le centre, la majorité pour la minorité.

Cette vérité, peu de gens l'exprimaient en public. On courait trop de risques à vouloir expliquer les choses d'une manière simple et objective. Des précédents fâcheux démontraient que pour avoir suggéré une explication honnête et rationnelle de certains phénomènes, des hommes furent condamnés au supplice. À Périphéria, plus personne ne se sentait le courage d'exprimer des idées claires et précises, sous peine d'être taxé d'esprit primaire.

C'est dans ce silence complice, et parce que l'avis des Périphériens importait peu, que Métropolia avait entrepris son grand projet de « colonisation universelle ».

La colonisation universelle

Métropolia avait bâti des remparts invisibles, qui visaient à la protéger des attaques de ceux que l'on nommait en privé les « barbares ». Le plan d'origine prévoyait que le mur ne soit pas hermétique, et que des catégories populaires puissent encore se loger dans l'enceinte de la ville, mais l'appât du gain et la volonté d'épurer l'espace conduisit à un bouclage total des citadelles. Cependant, parce qu'il fallait des bras pour assurer les travaux difficiles et les services, des travailleurs-esclaves venus de tout l'empire furent logés dans des zones spéciales, appelées « quartiers ou communes sociales », dans lesquelles le droit commun ne s'appliquait pas.

Métropolia, qui ne produisait rien, assurait son approvisionnement en ressources alimentaires et énergétiques à partir de comptoirs qu'elle avait développés sur les côtes de Périphéria. Mais ces comptoirs, qui servaient aussi de lieux de villégiature à la bourgeoisie métropolienne, ne permettaient pas de contrôler la planète. C'est pourquoi on avait disséminé un réseau de fortins sur ce qu'on appelait « les territoires ». Ces constructions légères n'abritaient que quelques hommes, mais ces professionnels de la communication, dont l'objectif était de mener une guerre culturelle en imposant leur représentation de l'espace, étaient d'une redoutable efficacité, surtout auprès de la très versatile élite locale.

Métropolia pensait avoir trouvé l'équilibre parfait entre la nécessité d'assurer sa subsistance et un contrôle peu coûteux de la planète étrangère. Il n'avait donc jamais été question de colonisation.

Si Métropolia était une société où tous les besoins matériels et personnels des gens étaient aisément satisfaits, la profusion d'offres générait une demande permanente et exponentielle de produits, certes inutiles, mais dont la possession était vitale. Le nombre croissant des containers qui s'accumulaient dans les ports de Métropolia donnait une idée de la consommation frénétique et du problème existentiel plus épineux qui se posait aux autorités : chaque jour, l'autonomie industrielle, énergétique et alimentaire se réduisait. Le risque d'asphyxie de Métropolia était réel. Il fallait réagir.

Le modèle des comptoirs et des fortins ne répondait plus aux besoins. Il fallait conquérir de nouvelles terres et sécuriser les sources d'approvisionnement. Il fallait administrer directement Périphéria. En clair, coloniser. Mais pour justifier cette opération dont le coût risquait de mettre en péril les finances de la planète, il fallait provoquer l'adhésion d'une population immature, qui vivait heureuse dans l'autarcie et l'entre-soi. Le gouvernement pouvait compter sur l'efficacité des médias.

Métropolia ne produisait pas grand-chose, mais était une fascinante fabrique à images. Métropolia TV et sa plateforme unique, Met-Flix, alimentaient un flux ininterrompu de programmes de fiction, de documentaires qui renouvelaient en temps réel les représentations et le récit du clergé quand c'était nécessaire. Par exemple, quand des évènements inattendus surgissaient – une révolte, un vote qui n'allait pas dans le bon sens –, Métropolia TV organisait des « débats » pour rassurer et recadrer l'opinion. Les représentations stéréotypées diffusées à la télé et au cinéma avaient contribué à diffuser une image particulièrement dégradante des habitants de Périphéria. Les Métropoliens se moquaient des tenues vestimentaires des gens des périphéries, de leur accent, de leurs coupes de cheveux, de leurs habitudes, de leurs goûts pour certains produits de consommation achetés dans les hard-discounts, ou du fait qu'ils découvraient toujours les nouveautés du marché après les Métropoliens. Présentés comme d'irréductibles râleurs, toujours mécontents de leur sort et incapables de s'adapter, on pensait surtout qu'ils n'avaient pas d'âme.

C'est ainsi que l'ensemble des médias se mit à relayer les communiqués du gouvernement. Il s'agissait de créer la peur et, si possible, un vent de panique. Sans en apporter la preuve, les médias évoquaient l'attaque par le FLAP (« Front de Libération Armée de Periphéria ») des comptoirs métropoliens les plus touristiques. Une vidéo d'hommes cagoulés menaçant de faire sauter les résidences secondaires de chaque Métropolien avait particulièrement choqué l'opinion. Certains influenceurs firent courir le bruit que des corsaires périphériens multipliaient les razzias et le rapt de femmes sur les rivages de Métropolia ; cette information effraya une partie des habitants des métropoles littorales, qui se replièrent dans les terres. Mais le narratif qui choqua le plus l'opinion fut l'annonce par le ministère de la Nature d'une généralisation de pratiques cannibales dans ces espaces cruels.

L'opinion avait basculé, il ne restait plus au pouvoir qu'à valider politiquement, philosophiquement et surtout financièrement ses velléités expansionnistes. Lors d'une session extraordinaire de l'Assemblée consacrée à la nouvelle politique de conquête coloniale, sobrement baptisée « Universalia », la plus grande autorité morale, la députée Juliette Ferry, fut invitée à prendre la parole. En introduction, elle rappela bien sûr les bienfaits économiques, humanitaires et stratégiques de la colonisation, mais son intervention était surtout centrée sur la mission civilisatrice des Métropoliens. Si on cherchait à coloniser de nouveaux territoires, c'était d'abord « au nom de l'universalisme métropolien » (*Extraits*). La députée fut applaudie avec enthousiasme par toute l'Assemblée, et singulièrement par les bancs de la gauche métropolienne, où l'on vit même des députés debout, hurlant des « À Périphéria, vite ! ».

Périphéria allait donc pouvoir bénéficier des lumières de Métropolia et de ses valeurs universelles. En quelques jours, grâce à son aviation (Métropolia ne prenait jamais le risque d'envoyer des troupes au sol), et après qu'on eut bombardé l'état-major sous contrôle du FLAP, Périphéria était conquise.

Cependant, il était très difficile de faire venir des colons en nombre, car beaucoup de Métropoliens étaient encore rétifs à l'installation sur une planète où l'air était réputé irrespirable.

La question de la purification de l'air, pour en évacuer les miasmes des autochtones, a toujours été une préoccupation des habitants de Métropolia. C'est d'ailleurs ce qui avait conduit les autorités à mener une grande entreprise de désodorisation et à chasser des grandes villes les classes populaires, dont l'haleine, disait-on, puait la mort. Difficile, dans ces conditions, d'entraîner une émigration massive. C'est donc avec seulement une poignée de femmes et d'hommes, de politiques, de journalistes, d'universitaires et une petite armée de mercenaires que Métropolia prit le contrôle du territoire et des esprits. Cette conquête était d'autant plus aisée qu'elle fut précédée et accompagnée par le magnifique travail de « Radio Métropolia ». L'onde unique, qui émettait ses messages 24 heures/24, avait réussi à convaincre les habitants de Périphéria, dociles et accueillants, que la modernité métropolienne allait les sortir des ténèbres et leur apporter la lumière.

La société coloniale se développait en s'appuyant sur des élites locales fascinées par le modèle métropolien. L'administration pouvait compter sur ses auxiliaires indigènes, souvent formés dans les grandes écoles territoriales de Métropolia, pour appliquer avec zèle la politique du gouvernement central. En quelques décennies, les Périphériens perdirent la maîtrise de leur travail, leur industrie, leur agriculture, et on interdit même aux élus de Périphéria de prélever l'impôt.

Inspirés par les univers concentrationnaires, les dirigeants imposaient aux gens des mesures ou corvées absurdes et dénuées de sens, afin de tester leur docilité et de maintenir un contrôle permanent des esprits. Un jour, par exemple, on interdit tous les déplacements en voiture pour les remplacer par une circulation douce, à pied, ou en trottinette électrique ; ce qui, sur un territoire aussi étendu que Périphéria, était un non-sens. Guidés par un sentiment de toute-puissance et par le désir d'éradiquer la sous-culture d'un peuple arriéré, les grands esprits de Métropolia planchaient sur des concepts toujours plus fumeux.

Zoo humain

Dans les métropoles, la propagande pour les nouveaux territoires suscitait attraction et fascination : entre naturalisme et répulsion, les peuples de Périphéria étaient bien sûr considérés comme des sauvages, mais ils fascinaient aussi, notamment les adhérents de « Nature et découvertes », charmés par la sobriété de leur vie.

L'attrait curieux pour Périphéria et ses habitants était réel. Une fois par an, au mois de février, un « salon des Périphériens » était organisé au cœur de Métropolia. On y présentait au public des échantillons de différents peuples périphériens. Des exhibitions de « périphéries mystérieuses » – villages typiques, animaux, humains, coutumes culinaires – étaient mises en scène, afin de faire reculer les stéréotypes. La dernière édition avait mis en valeur différentes contrées périphériques : les Landes, le Yorkshire, le Pas-de-Calais, le Yunnan, le Soudan.

Des stands *live* mettaient en scène des tableaux de la vie quotidienne : on exhibait des « sauvages » sous un angle bienveillant, et même écologique. Une saynète de la vie quotidienne présentait cette année des habitants du Nord : dans un décor de champs de houblon, on pouvait regarder rire et photographier des enfants et des adultes du Pas-de-Calais, qui échangeaient avec un accent hilarant tout en s'abreuvant de bières. Ces salons rencontraient un immense succès. Tous les ans, on dépassait sans difficulté le million d'entrées.

Cet intérêt pour Périphéria contribuait à un boom du tourisme colonial, notamment dans les plus beaux villages et littoraux ciblés, où les Métropoliens reproduisaient à l'identique leur mode de vie. Les îles, dont l'isolement naturel permettait de reproduire plus facilement les codes et mœurs métropoliennes, étaient particulièrement recherchées.

Certes, ces arrivées favorisaient l'activité économique locale et la création d'emplois subalternes, mais le mode de vie auquel ils n'avaient pas accès et le renchérissement du foncier dépossédaient peu à peu les autochtones de leurs lieux de vie. La population locale travaillait toujours plus pour les Métropoliens, toujours moins pour elle. Surtout, le mécanisme qui s'était appliqué des années durant lors de l'émergence de Métropolia sévissait à nouveau : les centres-villes devenaient des forteresses réservées aux Métropoliens nouvellement installés, et les Périphériens se trouvaient contraints de déménager de plus en plus loin.

Les tensions culturelles étaient d'autant plus fortes que le complexe de supériorité du peuple métropolien nourrissait une attitude paternaliste et une forme d'impérialisme culturel difficiles à supporter. Cette tendance rendait de plus en plus visible la ségrégation géographique typique des sociétés coloniales, où les colons vivaient séparés des autochtones. On était côte à côte, en attendant d'être face à face.

Comment Métropolia prit en charge l'administration de Périphéria

Métropolia avait retiré à Périphéria toute maîtrise de ses capacités de production (l'industrie et l'agriculture avaient été décrétées obsolètes), mais, pour réduire toute velléité d'indépendance, elle comptait d'abord sur sa bureaucratie.

Le pouvoir de Métropolia reposait sur une administration pléthorique, dirigée par des nains qui avaient justement été choisis pour leur petite taille et leur esprit de soumission. Son fonctionnement était particulièrement opaque. Les nominations des hauts fonctionnaires, des ministres, des papes, patriarches ou légats étaient décidées lors de conciles, où les délibérations avaient été rédigées à l'avance par le THC (« Très Haut Clergé »), dont les décisions provoquaient toujours une étonnante euphorie, comme celle à laquelle on assistait à chaque nomination de l'empereur. Ce dernier était né dans une riche famille patricienne de la City de Londres, dont il avait été ambassadeur. Son incompétence et son immaturité étaient la garantie de sa docilité. Bref : le THC avait sous la main un homme qui appliquerait à la lettre sa feuille de route.

Ces nominations surréalistes suscitaient des protestations à Périphéria, où les gens ne se privaient pas de traiter de « sots » ceux qui les gouvernaient.

Une année, des personnalités périphériques organisèrent un référendum pour déposer l'empereur, mais le référendum, pourtant remporté, fut invalidé par l'administration, qui jugea que les gens n'étaient pas en capacité de comprendre la question posée. Celle-ci était pourtant simple : « Êtes-vous pour ou contre la déposition de l'empereur ? »

La colonisation administrative et culturelle était d'autant plus aisée que la foi nouvelle dans le progrès métropolien s'était peu à peu implantée dans l'intelligentsia. D'abord apportée par des « missionnaires métropoliens », elle avait progressivement gagné les couches plus aisées de Périphéria, à qui le pouvoir avait confié la « gouvernance » (lire « gouvernement fantoche ») des territoires, mot vide de sens qui permettait d'imposer les mesures les plus absurdes, visant à « revitaliser la péréquation » (expression incompréhensible, mais qui permettait de clore les débats).

Des directives absurdes, dont la finalité était de tester la docilité des Périphériens et de les humilier, tombaient régulièrement du ciel. L'idée était de créer un monde parfaitement kafkaïen où les individus perdaient les repères de la réalité.

PolitMétro

Au sommet de ce tentacule administratif régnait un organisme obscur, plus politique. Sa fonction était d'écouter les remous de la société pour prévenir toute déviance. Son nom était terrible, angoissant : le PolitMétro. Il avait été créé dans les premiers jours de la conquête, au moment où les autorités constatèrent qu'une fraction des Périphériens n'écoutait pas les prêches, mais s'informait sur des réseaux dits « sociaux », à partir de leur téléphone. Les clercs cherchaient à limiter l'usage de ces appareils. Aussitôt, la machine à argumentaires se mit en route : on évoqua alors le temps trop important passé devant les écrans, puis la nécessité de protéger les habitants des mauvaises rencontres intellectuelles. Sans surprise, les mesures les plus restrictives et conservatrices sont venues de la gauche « progressiste » métropolienne. Naturellement, en lien avec les ingénieurs des métropoles californiennes, c'est dans ce camp que l'on recruta les fonctionnaires du PolitMétro. Mais ce contrôle numérique n'étant pas suffisant, la puissante administration de Métropolia comptait sur la surveillance des lieux publics ; les universités, les cafés étaient particulièrement surveillés.

Le PolitMétro était un État dans l'État. Il formait l'ensemble de la nomenklatura. Ses directives primaient sur celles de tous les ministères. Cette police des mœurs était même chargée des nominations et surtout du financement des artistes, journalistes et académiciens qui diffusaient la morale publique dans les médias. Conscients que leur survie dépendait du PolitMétro, ces hommes et ces femmes assuraient la diffusion d'une pensée conforme – et, surtout, uniforme – qui avait pour effet l'assèchement de la production artistique et académique, mais garantissait le maintien du pouvoir. Le PolitMétro pouvait aussi compter sur une armée d'universitaires pour abîmer la « E-réputation » des contestataires, en associant leurs noms aux mots « complotiste », « réactionnaire » ou « extrême droite ». Cette politique de « dékonspiration », néologisme inventé par cette police politique, donnait parfois lieu à des procès médiatiques pour obtenir les aveux « spontanés » des plus importants dissidents. Ces purges publiques visaient à tétaniser toute velléité de résistance dans l'opinion, mais aussi à rendre encore plus serviles (si cela était possible) les cadres académiques et médiatiques, en leur faisant comprendre qu'ils pourraient perdre leurs privilèges matériels. En dépit de l'invraisemblance des accusations, ces procès médiatiques ne faisaient pas réagir l'opinion métropolienne qui, pourtant, n'avait de cesse de mettre en avant son attachement à la libre-pensée, au débat, à la démocratie. Finalement, les Métropoliens considéraient dans leur majorité que l'on avait le droit, voire le devoir, de châtier les « criminels » déférés à la cour médiatique, afin de préserver la morale publique.

Deux expériences humaines

Cela faisait un demi-siècle que les deux planètes ne vivaient plus dans la même réalité. Presque tout opposait les deux mondes sur le plan culturel, géographique et sociologique. La séparation culturelle avait produit deux expériences humaines radicalement différentes.

Géographie

Très étendue, Périphéria possédait une grande variété de paysages avec des collines, des marais, des plaines agricoles et des vallées mêlant ville et nature. Elle était aussi recouverte d'immenses forêts qui protégeaient une biodiversité unique dans l'univers. Des chaînes de montagnes récentes et anciennes du Nord aux littoraux du Sud, tous les habitants chérissaient leur belle et opulente planète.

Son emplacement et sa latitude lui conféraient une fertilité naturelle. On y trouvait donc potentiellement de quoi vivre de façon autonome, dans une forme de sobriété et de diversité qu'imposaient les limites naturelles. La vie était différente dans les petites vallées, les plaines, les montagnes ou les îles, mais on pouvait admirer ces magnifiques petites chaumières d'où s'élevait une indolente fumée.

La richesse du maillage en villes petites et moyennes expliquait un attachement égal des habitants à leurs villes et à leurs campagnes. Le dédale de chemins et de routes qui grimpaient des vallées aux piémonts des montagnes créait des conditions d'échanges commerciaux et humains presque infinis. Rien ne paraissait entraver la vitalité de cette société, pas même les limites de la terre. Conscients de la force de leur capital social et culturel, les Périphériens accordaient peu d'importance aux grandes villes.

En ce temps, la majorité d'entre eux vivaient là où ils étaient nés, et l'hypermobilité dont les Métropoliens aimaient se vanter leur semblait non seulement anachronique mais encore stupide à une époque où l'humanité avait pris conscience des effets dévastateurs pour la nature de ces déplacements frénétiques.

Cette connivence entre le milieu naturel, la ville et les hommes favorisait les attaches et la proximité. Ces atouts naturels et les vicissitudes de la vie avaient forgé les mœurs particulières de Périphéria. Avant la colonisation, son économie était presque autarcique. Les habitants ne consommaient que ce que le territoire et les échanges de proximité pouvaient offrir.

Cette cohérence entre géographie et production implosa avec la colonisation, quand les autorités imposèrent un modèle dit « global », bien peu adapté à l'économie de ces contrées, et qui eut pour effet de faire disparaître l'industrie et ses emplois. Peu à peu on transforma ces contrées nourricières en TAS, « Territoires Agricoles Servants » : l'agriculture intensive venait de faire son apparition.

Mais l'emprise de Métropolia n'avait pas eu pour seul effet de réduire l'activité : elle avait fait disparaître, à la demande, disait-on, du PolitMétro, ce qui était peut-être encore plus vital que les usines : les cafés, les restaurants, les bars, lieux de vie et de rencontres. Par souci de contrôle, ils avaient été regroupés dans des zones commerciales laides et sans charme, aux abords des villes de Périphéria.

Périphéria était sommée d'adopter le mode de vie consumériste de Métropolia. On promit alors un ruissellement d'argent éternel et, pour donner l'illusion de cette abondance, on inonda le marché de produits de consommation bon marché, en provenance de périphéries encore plus lointaines. Dans ce contexte, afin de créer une dépendance toujours plus forte de la population à l'État central, la bourgeoisie métropolienne qui, elle, travaillait, suggéra l'idée que le travail était devenu inutile.

Très vite, les revenus du travail étant toujours plus faibles et parfois inexistants, les gens eurent des difficultés à boucler les fins de mois. Ils voyaient régulièrement leur standard de vie se dégrader, et ne pouvaient même plus accéder aux produits bon marché. Travailleurs attachés à leur mode de vie, les Périphériens considéraient que la disparition des activités agricoles, artisanales et industrielles les avait dépossédés de leur existence.

Organisation et contrôle politique

Le territoire originel de Périphéria avait été subdivisé par l'administration de Métropolia en grandes régions, puis en intercommunalités, sans que les gens puissent se reconnaître dans cet absurde découpage, qui empilait des administrations pléthoriques et impuissantes. Des Connétables métropoliens avaient été nommés par l'empereur pour contrôler cette administration.

Il n'avait pas fallu déployer beaucoup de policiers pour contrôler la contrée, de nature pacifique. D'ailleurs, les forces de l'ordre avaient bien peu de travail et s'occupaient surtout de surveiller, d'écouter les conversations afin de prévenir les révoltes. Les Gardes-frontières étaient chargés de surveiller les limites du territoire, non pour empêcher les intrus d'entrer, mais pour empêcher les Périphériens de sortir et de se diriger vers les grandes villes.

Si la police n'était pas très sollicitée, en revanche, les services publics étaient submergés. Cette situation, très pénible pour les habitants, était une conséquence de la première décision prise par les autorités au début de la colonisation : réduire drastiquement tous les services d'utilité publique. Le projet (caché) était, à terme, d'offrir tous les services, la santé, l'éducation, la sécurité notamment, aux multinationales de Métropolia.

Pour justifier ce choix, le gouvernement s'était appuyé sur un rapport de chercheurs d'État, qui prévoyait l'extinction progressive et souhaitable de la population périphérienne. Les clercs de l'université avaient fait passer l'idée, pourtant absurde, que ces territoires étaient « vides ». Sur les plateaux, des démographes en perruque parlaient sans rire de la « périphérie du vide » ! Cette notion était même apprise très sérieusement dans les manuels d'histoire-géographie. Bientôt, certains habitants de Périphéria furent convaincus de ne pas vraiment exister. En tout cas, de ne pas être beaucoup plus importants que du « vide ».

Dans l'organisation administrative, les légats avaient une fonction très importante : ils étaient les yeux et les oreilles du pouvoir central, mais aussi les promoteurs de représentations qui segmentaient et minimisaient l'importance de Périphéria. Quand une contestation menaçait de s'étendre, ils étaient chargés d'organiser des « grands débats de panélisation ». Ces grands-messes se terminaient par la distribution de chèques à une multitude de catégories et par des opérations publiques sur une multitude de territoires, afin que l'on ne puisse jamais distinguer l'importance de Périphéria. En général, cela calmait la révolte. *Divide et impera.*

Religion

L'idée du pouvoir central n'était pas de mener des opérations militaires sur Périphéria. Les autorités avaient compris que la colonisation passait moins par l'armée que par le contrôle des esprits. C'est ainsi qu'aux premiers jours de la conquête l'empereur signa l'édit de « sortie de la religion ». Un premier décret fut publié pour ordonner la confiscation des cathédrales, mosquées, synagogues et autres lieux de prières. Le pouvoir colonial cherchait à limiter les lieux et les activités qui pourraient porter les Périphériens à s'affranchir de l'idéologie consumériste et individualiste qui cimentait la communauté à Métropolia.

Cette mesure radicale provoqua une vague de violences et de contestations sans précédent dans l'histoire de Périphéria. En quelques jours, le chaos s'était installé dans tous les territoires, si bien que le régime dut faire marche arrière et autoriser à nouveau les lieux de culte. Cette révolte était d'autant plus imprévisible que tous les rapports et tableaux de bord statistiques montraient que très peu de Périphériens pratiquaient encore leurs anciennes religions. Cette insurrection sonnait comme un avertissement. Elle révélait les ressorts anthropologiques d'une société qu'il serait difficile de soumettre.

À Périphéria, on considérait en effet qu'une vie conforme ne pouvait reposer sur autre chose qu'une morale. Cette philosophie de vie portait naturellement croyants et non-croyants à respecter toute forme de transcendance. Cet état d'esprit inclinait de lui-même à l'entraide mais aussi à la conversation et au plaisir. D'ailleurs, sur la porte d'entrée des habitations, on avait l'habitude de fixer un petit cadre sur lequel on pouvait lire la devise périphérienne : « Chacun de nous est responsable de tout devant tous. C'est pourquoi tous nos gestes compteront. Toujours ». Cette croyance n'était pas gravée dans le marbre mais, au contraire, régulièrement débattue, critiquée, évaluée, oubliée.

Personne ne s'enorgueillissait ni ne parlait de cette sagesse tant elle paraissait naturelle ; cette attitude était exactement l'inverse de celle des Métropoliens, qui parlaient sans cesse d'intérêt public sans jamais le pratiquer. Elle révélait encore la permanence, dans la société périphérienne, du sacré qui, certainement, avait protégé son humanité. Quand ils passaient un peu de temps à Périphéria, les voyageurs étaient toujours surpris de la grande gentillesse et de la tolérance des Périphériens. Certains Métropoliens de gauche considéraient même que cette planète pourrait représenter la structure morale d'une nouvelle république. Cette proposition faisait sourire les Périphériens, qui savaient qu'enseigner la vie sans la vivre était le crime même de l'ignorance la plus détestable et la preuve d'un désintérêt profond pour le bien commun. Et puis, au fond, les Périphériens savaient que, avant qu'un Métropolien adoptât leurs vertus, plusieurs millénaires se seraient écoulés...

Humour et désobéissance culturelle

Sous domination culturelle, les gens ordinaires n'osaient pas s'exprimer publiquement sur des idées et représentations que les « scientifiques » d'État avaient validées comme des vérités. En revanche, ils disposaient d'une arme dont étaient dépourvus les fats et les gredins qui les gouvernaient : l'humour.

Dans les conversations publiques, on jouait avec le langage pour souligner l'écart entre la logorrhée officielle et la réalité, pour se moquer des dirigeants, contourner les interdits et les tabous, ou dénoncer des lacunes ou des problèmes sur un mode ironique. Les trouvailles de la langue et les blagues étaient une forme de résistance au régime et à l'esprit de sérieux, mais surtout aidaient les gens à accepter leur quotidien et la dégradation de leurs conditions de vie.

Ainsi, quand on se croisait ou se rencontrait au café, on moquait les idées les plus stupides. La question du ruissellement naturel des richesses de Métropolia vers Périphéria suscitait beaucoup de sarcasmes. On se demandait comment on pouvait parvenir à détourner le courant d'une rivière pour le faire remonter à sa source, et, surtout, on ironisait sur les vertus de ce ruissellement magique.

On plaisantait aussi sur la répression politique : « Tu connais la dernière blague politique ?

— Non. Tu peux me la raconter, mais je te préviens : je suis de la police politique de Métropolia.

— Ça ne fait rien, je t'expliquerai jusqu'à ce que tu comprennes. »

Ou cette devinette…

« Quelle est la différence entre Métropolia et le soleil ?

— Au moins, contre le soleil, on peut protester. »

Dans les cafés de Périphéria, on s'amusait aussi à la lecture des prix de l'immobilier à Métropolia, pour mieux moquer son slogan de « société ouverte ». L'humour avait une fonction de soupape, mais c'était surtout une façon de grignoter la crédibilité du pouvoir en ouvrant des brèches et en offensant les clercs. Cela permettait de créer une communauté autonome de connivences. Les gens avaient compris que cette autonomie, puisant sa source dans une finesse des mœurs, serait bien plus libératrice qu'une hypothétique « révolution », d'une manière ou d'une autre instrumentalisée par des élites métropoliennes.

Cette autonomie culturelle avait généré quelques secousses politiques, mais elles n'avaient jamais été suivies d'effets. Il n'empêche, les années passaient, et l'opinion se radicalisait. Les habitants de Périphéria avaient compris qu'ils étaient en train de devenir les esclaves de quelques conquistadors métropoliens qui, au fond, ne représentaient rien (et surtout pas eux !). Car si les Métropoliens étaient si riches et travaillaient si peu, ou en occupant des emplois si peu harassants, c'est tout simplement parce que d'autres travaillaient à leur place.

Leurs yeux s'étaient dessillés : Métropolia était une ménagerie bourgeoise.

Le confort intellectuel

Celui qui chercherait à définir Métropolia à partir de ce qu'elle produisait serait confronté à un mur. C'est simple : elle ne produisait rien, si ce n'est de la valeur ajoutée sur des services inutiles, virtuels ou financiers. On pourrait aussi la présenter à partir de ses niveaux de revenus, en moyenne dix fois plus élevés que ceux de Périphéria, ou du confort matériel dont bénéficiaient tous ses habitants. Mais cela n'offrirait qu'une image partielle des ressorts profonds de la société métropolienne. Ce que recherchait avant toute chose le Métropolien, c'était le confort intellectuel.

Il faut dire que les Métropoliens avaient des goûts si différents ! Malgré leur humeur parfois si fâcheuse, leur caractère immature, difficile et changeant, leurs jugements étaient, en revanche, constants : toujours faux. Le jargonnage, les postures morales étaient si courants qu'il était plus sage dans les conversations de s'en accommoder et, si possible, d'en rire, afin de ne pas se ronger les sangs… Cela ne servait à rien, et ce, d'autant plus que leur comportement n'était dicté ni par la recherche de la vérité ni par la raison, mais par le désir impérieux de plaire.

Ils portaient leur attention quotidienne à ne jamais déraper en dehors des limites de la morale métropolienne, afin de préserver leur intégration à la ménagerie bourgeoise et, conséquemment, leur carrière. Un dérapage signifiait la mort sociale. C'est pourquoi, afin de présenter à la communauté une pensée parfaite, ils mettaient un point d'honneur à dénoncer des proches, des voisins, s'ils estimaient que ces derniers avaient dérapé dans une conversation privée.

Cette attitude ne posait aucune question morale, au contraire, puisque les autorités conseillaient aux habitants de ne fonder leur vie que sur leur intérêt personnel. Ce narcissisme d'État était parfaitement cohérent avec l'immaturité de la population. En effet, l'une des caractéristiques les plus saillantes de ce peuple était son infantilisme. Les habitants n'assumaient jamais ce qu'ils étaient, ni leur statut social, ni le principe de réalité, et encore moins le fait qu'ils exploitaient et spoliaient la majorité des habitants de l'univers.

Le refus d'assumer allait de pair avec le refus de dialoguer. Les Métropoliens ne supportaient aucune contrainte, aucune contradiction. Ils avaient même théorisé ce refus des cadres et des limites, en vantant l'émergence d'une société liquide. Parfois, quand ils devaient faire face à des individus qui essayaient de leur opposer quelques arguments pour les ramener à la réalité, ils utilisaient, comme Harry Potter, une robe d'immunité et un rayon paralysant : l'utilisation de cinq lettres magiques, « F-A-C-H-O », stoppait net les attaques de l'adversaire.

À Métropolia la dialectique n'existait pas, on ne quittait jamais le domaine de la morale dominante. C'est pourquoi Métropolia TV pouvait inonder les ondes de faux débats, de dialogues de sourds, qui permettaient aux autorités et à l'Académie de mettre en scène une fausse opposition entre ce qu'elle appelait « la droite » et « la gauche », entre les bons et les méchants, entre ceux qu'elle présentait comme respectueux des faux débats, des « démocrates », et ceux que l'on soupçonnait de vouloir remettre en cause ces faux débats pour imposer la dictature.

La vie à Métropolia pouvait donc être rythmée par le spectacle et la consommation. C'est d'ailleurs ce qui faisait le charme de ses habitants : une forme de théâtralité, des métamorphoses permanentes, le besoin infantile d'être au centre de l'attention et de satisfaire des besoins matériels.

L'infantilisme et le refus de la réalité étaient tels que les habitants ne se rendaient pas compte qu'ils dansaient sur un volcan. En effet, la croyance que tout ce qui venait de la grande ville était intrinsèquement bon et que, inversement, tout autre modèle – notamment celui de Périphéria et de ses campagnes – était mauvais pour l'esprit avait conduit à une hyper-concentration des activités, des populations, et à une augmentation folle de la bétonisation. La dévastation des écosystèmes se développait donc toujours plus, au rythme de la concentration des populations. Tout cela n'était qu'une immense folie, ces monstres urbains qui chauffaient à plus de 50 degrés pendant la période estivale, étaient condamnés à s'autodétruire et à disparaître... Mais cette réalité, les habitants ne la percevaient pas, tant ils étaient convaincus de la supériorité de leur civilisation et de leur mode de vie.

Ce complexe de supériorité était facilité par une capacité innée d'oublier le passé. À Métropolia, chaque jour s'ouvrait donc sur une page blanche, que chaque individu était en droit de remplir en fonction de ses désirs de la journée. Cette absence de mémoire expliquait un surinvestissement dans un présent perpétuel où la vie se résumait essentiellement à consommer. Ce vide existentiel était si visible, qu'il était important de le compenser par la mise en avant d'une supposée richesse intellectuelle et culturelle des métropoles.

Dans les conversations, ils n'hésitaient pas à utiliser des hyperboles ridicules pour valoriser leur mode de vie : leur ville était un « hyper-lieu », où l'hyper-créativité et l'hyper-intelligence étaient la norme. Quand ils se déplaçaient, ces hyper-individualistes, bien peu soucieux de la nature, devenaient des « hyper-mobiles ».

Pour être parfaitement acceptés et intégrés, les habitants de Métropolia devaient adopter des mœurs et des coutumes régies par des principes supérieurs. Pour assurer son avenir, le plus important était toujours de garder une attitude intellectuelle et morale impeccable, notamment dans la conversation publique. C'est ainsi que le Métropolien ne pensait jamais ce qu'il disait. Ce qui expliquait qu'il parlait beaucoup. Son discours était si prétentieux, si jargonnant et si dénué d'intérêt, sa logorrhée si soporifique, que les conversations s'épuisaient d'elles-mêmes.

Chaque jour que Dieu faisait et défaisait, un déluge de lieux communs s'abattait donc sur les grandes villes. Les conversations publiques étaient des chambres d'échos du vide d'une pensée où on ne disait jamais rien mais où, bien sûr, on répondait à tout. Les habitants étaient guidés par une seule chose : respecter le dogme. Peu importait d'ailleurs le contenu de ces lois, écrites ou non écrites, puisque les habitants (qui, dans leur majorité étaient diplômés de l'enseignement supérieur) avaient appris le girouettisme politique et culturel dans les meilleures universités métropoliennes.

Et puis, en respectant la règle de ne jamais s'aventurer sur des terrains politiques jugés déviants, on pouvait vivre paisible et bienheureux dans une société qui assurerait votre confort. Ce que les gens recherchaient dans ce confort intellectuel ? La pensée ? Non, le confort ! L'idée était avant tout de paraître recommandable aux yeux de ses amis, de ses relations, bref, d'être en adéquation parfaite avec la liturgie culturelle. Ces petits calculs assuraient sans trop d'efforts aux Métropoliens une visibilité sociale. Pour être véritablement crédibles, cependant, il leur fallait aussi être irréprochables sur un sujet central : l'ostracisation des classes populaires. Dans les conversations publiques, l'usage était de montrer son aversion pour ces catégories, par un bon mot, une moquerie, ou en rappelant la bêtise des Périphériens.

Cette distance culturelle à l'égard des classes populaires était si importante que les évêques mettaient en garde les fidèles contre des pratiques idolâtres (la participation à des fêtes populaires était strictement interdite) et déconseillaient la fréquentation amicale, et plus encore amoureuse, des Périphériens. Mais ces prescriptions étaient légion, et les valeurs prônées par la morale métropolienne étaient si exigeantes que bien peu pouvaient réellement les appliquer.

L'ensemble de ces commandements supposait que la vie quotidienne fût guidée par la croyance à des préceptes supérieurs, comme la société ouverte, l'ouverture à l'autre, l'égalité sociale, la non-exploitation de l'autre, l'absence de conflits sociaux et culturels, l'abolition de toute différence, mais cet horizon était inatteignable pour le commun des Métropoliens.

Ces Dorian Gray du progressisme prêchaient la tolérance et l'altérité sociale, mais pratiquaient un violent séparatisme. C'est pourquoi ils avaient exclu sans état d'âme les indigènes locaux (trop chers) pour les remplacer par des indigènes lointains, beaucoup moins onéreux. Contrairement à l'autochtone, le Périphérien lointain pouvait se contenter d'un standard de vie moins exigeant. Surtout, il ne s'intéressait pas à la vie de la cité, ce qui facilitait la stabilité politique. Le Métropolien survalorisait ses différences culturelles, afin qu'il n'entre jamais en concurrence sociale avec lui. Le rapport de classes s'effaçait pour laisser la place à un rapport culturel qu'il savait maîtriser en mettant en scène la supériorité de sa morale, sa tolérance et son intérêt pour l'Autre.

Le seul problème « technique » était de loger ce nouvel esclave à proximité de son domicile, mais sans réellement cohabiter avec lui. Heureusement, l'état-major de Métropolia avait pensé à tout : en construisant des zones d'habitat qualifiées de « sociales », on pouvait loger pour une modique somme ces populations dans des quartiers ou des communes totalement sous contrôle de l'État métropolien.

En revanche, dans ces zones, le gouvernement métropolien avait sciemment abandonné ses prérogatives en matière de police et de justice. Certes, cela rendait la vie impossible à la majorité des familles de ces quartiers, mais, dans l'esprit retors du Métropolien, cela équivalait à afficher sa bienveillance et son antiracisme. Cela générait de temps en temps quelques émeutes qui, contrairement aux révoltes de Périphéria, ne nécessitaient pas une répression trop violente, tant elles étaient inoffensives pour le pouvoir.

L'exploitation de ces indigènes lointains, qui assuraient l'essentiel des services et des travaux difficiles, permettait aux Métropoliens de préserver un mode de vie « bourgeois » très confortable ! Mais ce violent rapport de classes et l'affichage de valeurs humanistes créaient une forme de dissonance cognitive, source des nombreuses pathologies psychiatriques qui se répandaient à Métropolia. Fondamentalement tournée vers soi-même, la quête supérieure du Métropolien n'était pas « l'Autre », mais d'abord la satisfaction d'un Moi idéalisé. En réalité, le Métropolien était moins un nihiliste (il ne rejetait pas toutes les croyances, puisqu'il croyait profondément en lui) qu'un narcissique. Ce culte sacré du Moi était si profond qu'il avait même modifié la conception de la mort.

Dans toutes les sociétés archaïques des mondes périphériques, la mort était associée à une souillure, une fin ou une résurrection. Mais à Métropolia, où le vieillissement n'avait plus sa place depuis longtemps, on misait sur les avancées technologiques pour atteindre l'immortalité de son être suprême, sous les lumières éternelles de la société marchande.

Deux bourgeoisies

Il serait exagéré de réduire Métropolia à son uniformité sociale. La diversité avait aussi droit de cité dans les bourgs puisqu'une grande et une petite bourgeoisie y cohabitaient. Dans le bocal métropolien, où les classes populaires étaient *persona non grata*, les deux bourgeoisies partageaient des valeurs identiques et une propension innée à surestimer leurs capacités et à sous-estimer leurs limites. La petite bourgeoisie se situait plutôt à gauche du progressisme métropolien, tandis que la grande était un peu plus à droite du même progressisme. Cet habitus expliquait qu'à chaque élection ces forces fusionnaient sans difficulté pour « faire barrage ».

Mais si elles partageaient volontiers le même confort intellectuel, comme au XIXe siècle, la petite et la grande bourgeoisie se méprisaient. La petite bourgeoisie rêvait de s'élever à un rang supérieur, mais craignait aussi sa prolétarisation, c'est pourquoi elle cherchait à délégitimer l'autre, en critiquant sa propension à l'accumulation des richesses, qu'elle appelait sans trop savoir le définir le « 1 % ». Sans jamais en parler, l'argent conditionnait leur liberté.

Ainsi, leur volonté commune de s'enrichir le plus rapidement possible, grâce à la spéculation foncière et à l'accaparement des logements destinés hier aux plus modestes, les poussait souvent à quelques imprudences qui, parfois, révélaient leur rapacité.

Une anecdote, qui avait fait le tour de la planète, illustrait ce penchant irrépressible pour l'accumulation de l'aile gauche métropolienne. On avait ainsi appris que le leader de la gauche métropolienne espagnole, très opposé verbalement aux forces de l'argent, à la banque et à la grande bourgeoisie, avait discrètement acquis un bien de 260 m^2, située sur un terrain de 2 300 m^2, avec piscine et chalet d'invités, à Galapagar, c'est-à-dire le quartier le plus huppé de ce qu'il appelait « la caste » ; son confort intellectuel venait de fondre comme la neige de la Sierra de Guadarrama. En France, on avait aussi évoqué le formidable patrimoine immobilier d'un autre leader de gauche métropolienne. Mais cette information avait été classée comme « fausse nouvelle » par les services d'information de Métropolia : on soupçonnait les réseaux périphériens d'être à l'origine de cette calomnie.

L’enseignement : une vision complotiste du monde

À Métropolia, l’éducation du peuple était aux mains du clergé, qui avait pour mission d’accompagner les citoyens « du berceau à la tombe ». Tout au long de leur vie, on apprenait aux enfants comme aux adultes que leur présent et leur avenir seraient assurés par le paradis métropolien.

Si Métropolia TV et ses réseaux sociaux permettaient de diffuser en continu les principaux dogmes, le pouvoir misait surtout sur l’éducation des enfants et des jeunes, afin d’obtenir des individus « naturellement » acquis aux croyances métropolistes et d’assurer l’avenir culturel de la planète.

Le ministère de la Morale et de l’Éducation veillait à ce que chaque enfant devienne un membre à part entière de la société du progrès permanent, afin qu’il apporte aux adultes des bénéfices à sa planète. Les autorités avaient en effet constaté qu’au sein d’une même famille il pouvait y avoir des personnes acquises à la cause métropolienne, et d'autres qui lui étaient hostiles. La priorité était donc d'inculquer aux enfants et aux adolescents une vision du monde « correcte », indépendante des opinions de leurs parents.

L'école ne devait pas seulement enseigner, elle était aussi un centre de rééducation aux bonnes valeurs métropoliennes. Les activités scolaires étaient ritualisées. Chaque matin, les enfants se pliaient volontiers à la cérémonie du lever de drapeau métropolien, avant de prendre place dans des classes où trônait un portrait de l'empereur. L'instruction était d'autant plus aisée que l'école de Métropolia avait discrètement abandonné le principe d'une « école pour tous » à la fin du XXe siècle, pour adopter celui d'une « école pour nous », en actant l'inutilité des classes populaires, et donc de leurs enfants.

L'enseignement des mœurs et des coutumes à Périphéria s'appuyait sur un planisphère réalisé par les meilleurs géographes et cartographes de l'empire. Dès leur plus jeune âge, les enfants étaient ainsi invités à intégrer la représentation officielle de la planète maudite. Sur la carte, les tons sombres dominaient : il s'agissait de créer de l'anxiété, de rappeler aux enfants qu'ils avaient sous les yeux le pays des passions extrêmes et tristes.

Sous la carte, les commentaires rappelaient que Périphéria était un pays fertile et agréable, mais que l'air y était malsain, ce qui expliquait les comportements étranges des habitants. Les savants de Métropolia, qui n'avaient évidemment jamais mis les pieds sur ce vaste territoire, sinon dans les premiers mois de la colonisation, ou pour accompagner l'empereur dans ses croisades régulières au temps des élections, n'exprimaient jamais aucun doute dans leurs commentaires.

On devait toujours avoir réponse à tout.

Ainsi, plutôt que d'indiquer simplement sur la carte des « zones blanches » celles qu'on n'avait pas visitées (et où les communications ne passaient pas), et d'assumer l'existence de territoires inconnus, les savants remplissaient ces espaces de textes, de flèches, de pictos. Des collines, des rivières, des lacs, des clochers côtoyaient des figures grotesques d'habitants portant des Stetson et dansant de la country, ou encore de familles avachies sur des canapés devant un écran. Une série de flèches représentait le ruissellement des richesses des comptoirs littoraux vers les zones « sous-développées » de Périphéria.

Mais comme les cartographes d'État n'avaient jamais atteint ces territoires, en réalité, au-delà des littoraux, tout était incertain. On se contentait de remplir les vides par des visuels absurdes : certains fleuves ou lacs n'avaient par exemple ni source ni exutoire. Mieux, certaines rivières se déversaient vers la partie aval d'un bassin fluvial ! Mais, le plus souvent ce sont des commentaires dépréciatifs qui venaient combler l'absence de connaissance : « Pays fertile mais nauséabond », « Zone inconnue et dangereuse ».

Cette géographie, qui enfermait les enfants dans une représentation angoissante de Périphéria, était complétée par la lecture quotidienne d'un texte prononcé il y a quelques années par l'un des derniers empereurs de Métropolia :

Le drame de Périphéria, c'est que l'homme périphérien n'est pas assez entré dans l'Histoire. Le paysan périphérien, qui, depuis des millénaires, vit avec les saisons, dont l'idéal de vie est d'être en harmonie avec la nature, ne connaît que l'éternel recommencement du temps, rythmé par la répétition sans fin des mêmes gestes et des mêmes paroles. Dans cet imaginaire où tout recommence toujours, il n'y a de place ni pour l'aventure humaine, ni pour l'idée de progrès. Dans cet univers où la nature commande tout, l'homme échappe à l'angoisse de l'Histoire qui tenaille l'homme moderne, mais il reste immobile au milieu d'un ordre immuable où tout semble être écrit d'avance. Jamais il ne s'élance vers l'avenir. Jamais il ne lui vient à l'idée de sortir de la répétition pour s'inventer un destin. Le problème de Périphéria, et, permettez à un ami de Périphéria de le dire, il est là. Le défi de Périphéria, c'est d'entrer davantage dans l'Histoire.

L'ignorance de la réalité humaine de Périphéria laissait la porte ouverte à toutes les dérives. C'est ainsi qu'un récit religieux s'installa dans les écoles, avec la bénédiction des parents qui avaient une confiance aveugle dans l'enseignement qui y était dispensé. Une représentation dantesque et eschatologique des deux mondes était en train de s'imposer dans les esprits.

Au cœur des ténèbres

Les livres scolaires présentaient Périphéria comme le double d'une réalité qui n'était pas humaine, mais inhumaine. Il n'est pas exagéré de dire qu'à l'école la plongée dans ses paysages et ses mœurs était comme un voyage au cœur des ténèbres. La projection d'images à dimension horrifique était un instrument majeur du conditionnement des jeunes et, par la suite – grâce au travail de Métropolia TV –, des adultes.

La photographie la plus connue, en tout cas celle qui avait eu le plus d'impact sur l'opinion métropolienne, montrait une zone pavillonnaire de Périphéria, où chaque maison individuelle était entourée de piquets, sur lesquels étaient empalés des crânes de Métropoliens. Intitulée « l'enfer sur Périphéria », l'image, qui était en fait un montage réalisé par des milieux extrémistes, avait fait le tour de Métropolia. Des images de ce genre permettaient aisément d'ériger la doctrine métropolienne comme réponse à la sauvagerie, au mal et à l'injustice, chez des adolescents qui n'avaient quasiment jamais eu de questionnement intellectuel et chez des adultes souvent immatures.

Pour les anthropologues, pénétrer dans les profondeurs de Périphéria, c'était évidemment faire l'expérience de la déshumanisation de l'homme. Ce sentiment s'accentuait au fur et à mesure que l'on s'enfonçait dans les territoires : toutes les routes et tous les fleuves semblaient mener aux portes de l'enfer.

Les cercles de l'enfer

L'école et l'université ayant abandonné leur fonction première, celle d'instruire, d'apprendre à penser, à développer le libre arbitre, l'enseignement fut peu à peu délégué à des théologiens radicaux, qui considéraient que Périphéria était maudite. La raison ayant définitivement cédé sa place à la foi, une description religieuse et littéraliste des possessions périphériennes avait fait son apparition. Un cercle était attribué à chaque type de territoire en fonction de son degré de damnation. Tous ces espaces, à l'exception du dernier, disposaient d'un purgatoire, où le Périphérien pouvait se repentir s'il adoptait un mode de vie conforme.

Dans le premier cercle, le plus enviable, le clergé estimait que l'âme des habitants pouvait *a priori* être sauvée. Cet espace était celui des beaux villages, des zones littorales ou de celles qui avaient accepté d'attribuer au moins 30 % de leur parc de logement aux résidences secondaires. Plus problématique était le second : les limbes périurbains. Il était situé au bord de l'astre métropolien, et on supposait *a priori* que les habitants y avaient perdu leur âme urbaine.

Douteuses, ces peuplades étaient soupçonnées de rejeter les lumières et la philosophie de Métropolia. Le clergé les considérait cependant comme « sauvables ». Le troisième cercle, celui des petites villes et villes moyennes de Périphéria, n'offrait qu'une mince possibilité de rédemption. Celle-ci ne concernait que les espaces situés à proximité de la frontière de Métropolia. Le quatrième, le cercle de la colère, était celui des territoires désindustrialisés. Ils étaient considérés comme les rebuts du monde périphérique, peuplés de déplorables alcooliques, et leurs habitants étaient condamnés à être mordus et griffés par des cerbères, avant de prendre définitivement leur place en enfer. Le dernier cercle était celui des hérétiques, les habitants des territoires de « la lande brûlante », surnommé le « village des damnés ». Privé de lumière, cet enfer rural était considéré comme la demeure du diable et des blasphémateurs.

« On est chez nous ! »

L'endoctrinement de la jeunesse avait fait émerger une génération de jeunes fanatisés, qui alimentaient les réseaux sociaux de discours haineux à l'encontre des milieux populaires de Périphéria. Ils avaient compris que plus les propos étaient virulents, plus ils attiraient l'attention et l'adhésion. Majoritairement diplômée de l'université métropolienne, la population des grandes villes était particulièrement sensible aux thèses les plus stupides. L'enseignement supérieur avait dissous tout esprit critique ; les Métropoliens étaient prêts à accepter les discours les plus insensés.

À ce titre, une enquête de l'institut Métripsos avait révélé une corrélation très positive entre le niveau de diplôme et une vision conspirationniste de l'univers. Autrement dit, plus les individus avaient bénéficié d'un enseignement supérieur, plus ils étaient susceptibles d'adhérer à une perception totalement irréaliste du monde. Au fil du temps, dans ces milieux, une véritable contre-culture s'était constituée parmi la population la plus diplômée. La vision binaire d'un monde séparé entre d'un côté la civilisation, et de l'autre le monde sauvage, entre les lumières et les ténèbres, avait gagné tous les esprits « intelligents ».

Ce complotisme favorisait la diffusion de discours de plus en plus paranoïaques. Des figures controversées, comme l'universitaire Éric Brouet, étaient à l'origine d'une opinion devenue majoritaire, selon laquelle une partie de la classe politique de Métropolia était sous la coupe d'occultes lobbies périphéristes.

Les thèses les plus farfelues, comme la théorie « platiste », s'étaient popularisées dans un temps record. À l'origine de cette thèse, on trouvait une poignée de chercheurs-anthropologues. Ces prestigieux chercheurs avaient ainsi affirmé que le crâne des habitants de Périphéria n'était pas ovale ni rond mais plat ; cette platitude du crâne aurait été à l'origine de la bêtise des habitants et du sous-développement de Périphéria. Cette affirmation ne reposait sur aucune observation, mais flattait le complexe de supériorité des Métropoliens. Une première Convention mondiale du crâne plat fut organisée à NYC. Une galerie de personnages baroques, intellectuels, chercheurs, politiques, le sel de la terre de Métropolia, y présentait les preuves que l'univers était partagé entre des gens intelligents, reconnaissables à leurs belles et grosses têtes rondes et pleines, et des gens ordinaires, au crâne plat qui limitait la pensée.

Très médiatisée, la théorie platiste favorisait le développement d'une vision ethnocentrée, qui ne rebutait pas beaucoup les très universalistes métropoliens. Et c'est dans ce contexte de radicalisation de l'opinion que l'on vit émerger le parti métropoliste. Sa proximité avec le pouvoir et les médias (peu de gens doutaient qu'il fût autre chose que le faux nez du régime) avait beaucoup contribué à son succès. Si la défense du mode de vie des grandes villes et le slogan « Le béton ne ment pas » avaient attiré les premiers militants, la préservation de l'identité et de la pureté de « la femme et de l'homme » métropoliens avait provoqué une vague d'adhésions qui en fit le plus grand parti de masse que Métropolia eût jamais connu. S'appuyant sur les travaux d'idéologues géométropoliens de l'Académie, le parti jouait sur la peur d'un Périphérien fourbe et violent, susceptible d'envahir la planète.

Contrairement à ce qu'on aurait pu imaginer, cette vague identitaire n'était pas portée par une expérience malheureuse de cohabitation avec des Périphériens, que l'on ne croisait plus. Cette haine des classes populaires était au contraire le résultat d'une absence de contact, qui autorisait le fantasme de l'Autre. L'imaginaire métropoliste ne reposait donc sur aucune menace réelle, mais sur une méconnaissance de l'autre.

Et puis il y avait le rôle essentiel que jouaient les médias dans ces constructions, notamment celui de Métropolia TV. Le propriétaire de cette chaîne, le milliardaire Vince BolDoré, était aussi le premier donateur du parti métropoliste. Sa puissance médiatique était telle qu'on considère que c'est lui qui avait provoqué le basculement de l'opinion. C'est sur ses chaînes qu'à chaque intervention d'un Périphérien on avait systématisé le bandeau-avertissement « Individu fourbe et dangereux qui n'a pas de diplôme ». En quelques années, le magnat des médias avait ainsi gagné la bataille culturelle que les historiens appelleront plus tard la « Querelle des Images ».

Preuve d'une radicalisation de l'opinion, tous les sondages montraient désormais que la peur de « ne plus être chez soi » était majoritaire dans toutes les métropoles. Ainsi, l'étude annuelle « Fractures métropoliennes » pour le prestigieux *News Métropole Times* révélait que 89 % des personnes interrogées estimaient qu'il y avait « trop de catégories populaires dans l'univers », et 98 % pensaient que « les gens ordinaires ne faisaient pas assez d'efforts pour s'intégrer » à la civilisation métropolienne.

L'auteur de cette enquête, Brice Laundorette, directeur général délégué de Métripsos, déclarait : « Ce sont des angoisses bourgeoises, nourries essentiellement par des questions sociales et culturelles, qui expliquent ces résultats. Le passage à la rhétorique de la peur de submersion populaire veut dire cela. Nous ne sommes plus aujourd'hui dans l'accusation envers les gens ordinaires qui prendraient les emplois en ponctionnant l'impôt, mais dans la crainte de disparaître. »

La jeune présidente du parti métropoliste, Greta Thutcher, dont le look vintage rappelait celui d'une certaine Margaret, a senti très tôt ce changement de paradigme. Elle est entrée en campagne pour demander qu'un référendum soit organisé avec une question claire : « Voulez-vous en finir OUI ou NON avec la question périphérienne ? »

Dans son premier discours de campagne, plus construit que d'habitude, elle a porté une charge sévère contre le laxisme des autorités à l'égard de Périphéria. C'est d'ailleurs lorsqu'elle a abordé ce thème que la salle a répondu le plus vivement. À plusieurs reprises, elle a ainsi été interrompue par les slogans d'une foule enthousiaste : « On va gagner ! On va gagner ! »

Et puis a suivi le désormais célèbre « On est chez nous, on est chez nous ! » qui, en quelques jours, est devenu le cri de ralliement des habitants des grandes villes qui refusent d'être polluées par les valeurs populaires dépassées, régressives et venues d'un autre âge.

La réponse de la présidente fut on ne peut plus claire : « C'est parce que vous êtes chez vous dans les métropoles que vous avez le droit de ne plus vouloir de ces classes populaires, de ces déplorables qui vivent de NOTRE ruissellement ! »

« La nationalité métropolienne, ça s'hérite ou ça se mérite ! » lança-t-elle, en ajoutant immédiatement qu'elle rejetait évidemment l'étiquette « xénophobe », affirmant qu'un « Métropolien est intrinsèquement ouvert, puisque son projet, c'est l'*open society* ! ».

Pour conclure, elle redit son attachement aux valeurs métropoliennes et se dit « passionnément urbanophile », et affirme qu'elle était alors « la seule capable de mettre en œuvre une politique de renouveau métropolien » !

Extatique, la salle reprenait : « On est chez nous, on est chez nous ! »

Plus qu'un slogan, cette affirmation illustrait la croyance profonde des élites et des classes supérieures depuis un demi-siècle, selon laquelle une métropole saine est une métropole qui a été épurée de ses déplorables. Mais, désormais, « On est chez nous ! » était devenu le condensé, en quatre mots, d'un vote qui portait en lui la peur de voir Métropolia disparaître par un retour supposé du peuple dans la cité.

Ce slogan était aussi le signe d'une fierté retrouvée. Chaque année, des millions d'habitants descendaient dans la rue au moment de ces immenses « Métropole Pride » où l'on défilait avec le drapeau métropoliste, ou un étendard qui représentait la planète Métropolia, floqué du « On est chez nous ! ».

Pour le sondeur Jérôme Dufouquets, l'électorat métropoliste revendiquait d'abord un « droit à la continuité historique. Quand ils disent "On est chez nous", cela veut dire "et on entend le rester" ». Il poursuit : « Beaucoup de petites choses génèrent un sentiment d'insécurité culturelle, comme entendre des Périphériens refuser de circuler en trottinette pour garder leur véhicule thermique. » En résumé, dans un univers devenu complexe et hostile, l'offre de protection culturelle du parti métropoliste constituait un cadre rassurant et connu : l'ordre dans l'uniformité et l'homogénéité culturelle et sociale métropolienne où l'Autre n'existait plus.

Ces derniers temps, le parti était entré dans une surenchère avec le pouvoir, en faisant des propositions de lois toujours plus extrêmes. Après avoir imposé le retour de l'octroi autour de toutes les grandes villes pour les seuls Périphériens, les métropolistes négociaient deux mesures pour endiguer la circulation de toute information non contrôlée sur Périphéria : l'interdiction de tout rassemblement de plus de deux personnes et le confinement de la totalité de la population dont les ressources ne dépassaient pas le revenu médian.

À Périphéria, les gens observaient avec fatalité mais humour cette dérive identitaire. Il n'était pas rare d'entendre : « Le métropolisme, ça commence avec les fous, ça se réalise grâce aux salauds et ça continue à cause des cons. Et les cons, cela ne manque pas à Métropolia ! »

Prisonniers de la surenchère du parti métropoliste, les évêques de l'Église métropolienne initièrent la dérive ethnocentriste ; d'abord en interdisant les mariages mixtes, puis en décidant – pour des « raisons de place et de moyens » – que l'admission dans les écoles serait désormais conditionnée à l'obtention d'un certificat prouvant que l'enfant était bien né de deux parents d'origine métropolienne.

Le discours ethnocentriste avait atteint un niveau tel que le colonialisme était même perçu comme une faiblesse, une attention hérétique pour l'Autre. Le parti métropoliste craignait que la colonisation détourne les Métropoliens de leurs priorités, de leurs valeurs, au contact d'une culture indigène. De leur côté, les économistes dénonçaient les coûts financiers de l'entreprise coloniale, en expliquant qu'il était temps de se dégager du bourbier périphérique et d'y supprimer tous les services publics. « Plutôt le Pèze que la Corrèze », pouvait-on entendre dans les cafés de Métropolia.

Mais l'opinion en voulait toujours plus, c'est ainsi que l'on vit surgir une petite radio qui ne cessait de gagner en audience, la « Radio des 1 000 Métro », en référence au nombre officiel des métropoles dans l'univers. Ce média devint l'un des instruments de diffusion de la haine. Les animateurs incitaient clairement à l'élimination culturelle des Périphériens. Si les journalistes ne parlaient pas (pas encore) d'élimination physique, celle-ci était suggérée par des universitaires qui les présentaient comme des demi-humains n'ayant pas leur place dans un monde civilisé. Chauffée à blanc, l'opinion était prête à accepter toutes les aventures.

Une bonne guerre sainte

L'instrumentalisation du radicalisme religieux par le pouvoir s'inscrivait dans une longue tradition à Métropolia. La stratégie était de donner l'impression que la religion dictait les conduites politiques afin de légitimer l'exercice du pouvoir.

Dès sa fondation, la cité avait bâti son unité culturelle sous la bannière de la religion, avec une liste presque infinie de prescriptions. C'est ainsi, par exemple, que l'écologisme, l'antiracisme ou le féminisme dévoyés prirent leur essor. Ces valeurs n'étaient pas nouvelles. Elles avaient d'ailleurs toujours été pratiquées par les catégories modestes, avant même la fondation de Métropolia, et imprègnent toujours le quotidien à Périphéria, mais discrètement, ni à des fins politiques, ni en guise de valorisation sociale.

Le pouvoir semblait en revanche lancé dans une fuite en avant. Le soutien à peine masqué à l'intégrisme religieux du parti métropoliste soulignait une fébrilité inhabituelle. Protégée par l'assentiment divin, l'autorité politique avait toujours su dissimuler son incompétence et, surtout, la réalité. À présent, Métropolia était non seulement en faillite, mais risquait de s'effondrer.

Métropolia s'enfonçait sous le poids du béton et du pompage des nappes phréatiques, à la manière de Jakarta il y a quelques années… Des études récentes révélaient une tendance alarmante : une baisse progressive et généralisée du QI dans tout Métropolia. Les Métropoliens qui pourtant ne cessaient de se gargariser de leur intelligence et de leur « évolution » sans limites, devenaient de plus en plus stupides.

Les chercheurs avaient identifié les principales causes de cet effondrement intellectuel. La première était un enseignement d'où la dialectique, la raison et le libre arbitre avaient été bannis. L'assèchement de la pensée avait gagné toutes les strates de la société.

La seconde était environnementale : la pollution des sols par des pesticides et le rôle des perturbateurs endocriniens. En effet, les molécules inventées par la chimie pour les besoins de l'industrie empêchaient le développement du cerveau. Enfin, la consommation d'écrans et de cannabis contribuait à un état d'abrutissement généralisé.

L'esprit critique ne pouvant plus s'exercer, Métropolia ne disposait plus d'aucun scientifique digne de ce nom pour répondre aux enjeux. Des charlatans avaient pris la place des inventeurs. Des idées toujours extravagantes étaient présentées dans les médias, pour donner l'impression à la population que la planète était toujours en marche. Chaque jour, les camelots de l'Académie se succédaient sur les plateaux des chaînes d'information pour présenter les projets les plus fous : par exemple, nourrir les Métropoliens grâce à des élevages d'insectes installés dans les caves des grandes villes, ou créer de la nourriture saine à partir de matière fécale !

Des agités du bocal métropolien avaient présenté le fruit de recherches astronomiques et énergétiques, qui, disaient-ils, étaient « opérationnelles » : s'éclairer grâce à des rayons de lune, créer de l'énergie électrique en piégeant le rayon vert observé au lever et au coucher du soleil, dans des légumes verts spécialement cultivés sur les toits, le potager produisant en même temps denrées alimentaires et électricité. Le plus délirant et le plus angoissant fut la présentation d'une machine destinée à générer des écrits, dont la fonction aurait permis de s'affranchir de toute pensée. Il ne fait pas de doute que la démence et la stupidité gagnaient une part croissante de la population.

Métropolia ne produisait plus rien depuis des décennies, importait tout et dépendait des périphéries proches, et surtout lointaines, pour sa survie. Mais la financiarisation de tous les services et activités avait atteint ses limites. Métropolia s'était vendue aux multinationales qui, après l'avoir dépouillée, étaient allées voir ailleurs.

La planète avait pris la mauvaise habitude de troquer avec les indigènes périphériens les produits agricoles et l'énergie dont elle avait besoin contre des billets qu'elle imprimait elle-même, et des produits de mauvaise qualité. Les habitants de Périphéria, qui ne supportaient plus les châtiments ni la dépossession de ce qu'ils étaient, prirent alors conscience de leur force. Spontanément, en prenant exemple sur leurs glorieux ancêtres, les « gilets jaunes », qui avaient disparu des livres d'histoire, mais dont on racontait le récit dans des livres de contes qui se diffusaient sous le manteau depuis l'interdiction par le PolitMétro, ils décidèrent de bloquer toutes les routes et tous les axes d'acheminement, afin d'asphyxier l'économie des grandes villes, qui n'avaient que quelques jours d'autonomie alimentaire et seulement quelques heures d'autonomie énergétique.

Sur Métropolia, la vie était en train de s'arrêter. Plus rien ne fonctionnait. Les autorités étaient au pied du mur : soit elles négociaient, soit elles choisissaient d'augmenter un peu plus la tension pour justifier l'apocalypse. Elles choisirent la stratégie de la tension et du chaos. S'inspirant d'une opinion qui se répandait dans les rues de Métropolia, la présidente du parti métropoliste lança les hostilités en expliquant sur les ondes qu'« il nous faudrait une bonne guerre sainte » pour remettre la planète en marche. L'idée était qu'en relançant l'industrie de l'armement, la guerre pourrait créer des millions d'emplois. Les élites métropoliennes, qui redoutaient un effondrement imminent, accueillirent avec soulagement cette demande : elles considéraient que c'était le meilleur moyen de sauver leur modèle et, peut-être, d'échapper au peloton d'exécution qui leur était promis si elles venaient à perdre leur pouvoir. On attendait maintenant que l'empereur prenne la parole.

Dictatus imperatoris

L'empereur voulait marquer les esprits. Pour une fois, celui qui avait l'habitude de se répandre dans les médias décida de publier un court décret, sobrement intitulé « *Dictatus imperatoris* » :

> *Seule civilisation humaine, l'expérience métropolienne ne peut prendre fin. Nous ne pouvons accepter qu'un schisme culturel se produise, ce qui reviendrait à mettre en cause la continuité culturelle de Métropolia. C'est pourquoi je déclare solennellement la guerre sainte contre les hérétiques de Périphéria, une guerre pour la civilisation qui ne peut être perdue. Au nom des grandes métropoles sacrées, j'appelle aujourd'hui nos valeureuses armées à reprendre le contrôle de la planète maudite, et nos jeunes à les rejoindre en masse.*

Pour l'empereur, qui, à cette occasion, s'était déclaré « SUV » (« souverain universel à vie »), l'issue de cette bataille ne faisait pas de doute. Dans son esprit, cette mission divine était d'autant plus aisée que Métropolia disposait de la plus grande armada de l'univers. Très proche du complexe militaro-industriel, il avait d'ailleurs doublé le budget des trois principales forces (la « Métro Army », la « Métro Air Force » et la « Métro Marine Corps ») et multiplié par dix le nombre de ses bases sur Périphéria.

Cependant, cette armée jouissait d'une image d'invincibilité très exagérée. Sa réputation reposait moins sur ses exploits guerriers que sur la diffusion de films à sa gloire. À Métropolia, où l'illusion et l'hyperbole imprégnaient toutes les représentations, l'armée ne faisait pas exception. La réalité militaire était que les soldats n'avaient pas combattu depuis des lustres, et que leurs dernières batailles contre des peuples de Périphéria s'étaient soldées par des échecs cuisants dès qu'il avait fallu combattre au corps à corps contre des hommes prêts à mourir pour leur terre. Techniquement très performante, elle souffrait d'une faiblesse existentielle : elle n'avait pas de soldats. À l'exception de quelques milliers de mercenaires grassement payés, personne ne voulait mourir pour Métropolia. Si l'opinion était favorable à une guerre « virtuelle » avec des frappes de drones ou de bombes, elle rejetait massivement l'idée d'envoyer des troupes au sol composées de jeunes Métropoliens.

Le pouvoir était dans une impasse. Il avait beau faire des déclarations solennelles, expliquer que la guerre sainte était le combat ultime des « valeurs de la civilisation » face aux « valeurs décadentes des périphéries », le cœur n'y était pas. Le doute commençait à gagner les esprits : on redoutait que cette aventure ne soit vouée à l'échec ou, pire, qu'elle dure cent ans.

Et puis, au fond, on savait bien que Périphéria bénéficiait d'une arme qui dépassait de loin toute la technologie militaire de Métropolia : des femmes et des hommes habitués à jouer leur peau dans la vie quotidienne.

D'ailleurs, personne n'avait oublié que, dans leur histoire récente, les Périphériens avaient été capables de faire trembler tous les pouvoirs sans arme, mais simplement en faisant bloc sur des ronds-points. La réalité est qu'à Périphéria les gens avaient préservé dans leur âme un démon, une force, un instinct de survie, qui les pousserait toujours à refuser les barreaux immatériels de l'idéologie, et donc à combattre pour leur existence. Cette force, les Métropoliens, prisonniers de leur confort matériel et d'une prison mentale qu'ils s'étaient construite, en étaient dépourvus.

Comment, dans ce contexte, pouvait-on transformer des pleutres matérialistes et narcissiques en « croisés », et mener une guerre sainte qui pouvait durer cent ans ? L'équation semblait presque impossible à résoudre. Il fallait contraindre la population à se mobiliser, y compris par la force. Une bulle impériale fut alors publiée, dans laquelle le pouvoir autorisait les légats à excommunier et à expulser sur Périphéria toute personne qui s'exprimerait dans un lieu public contre la guerre sainte. Mais ces arrestations, qui terrorisaient une population peu habituée aux mesures coercitives, et encore moins à la violence des forces de l'ordre, eurent pour effet de pousser les jeunes télétravailleurs à déserter et à gagner les littoraux pour rejoindre leur résidence secondaire. Le dos au mur, les autorités abattirent leur dernière carte en organisant une attaque terroriste de grande ampleur : avec l'aide d'indépendantistes périphériens manipulés, des milliers de résidences secondaires furent plastiquées en une nuit. La stratégie fut payante.

Cette atteinte intolérable à la propriété et au patrimoine allait libérer une violence que personne n'aurait soupçonnée. Une véritable furie collective s'empara de Métropolia : hommes, femmes, enfants, vieillards, tous étaient désormais prêts à en découdre, à mener la guerre sainte et à commettre le pire. Ces illuminés, moins guidés par la défense des valeurs de Métropolia que par la haine et la cupidité, se livrèrent alors à de violents pillages, et surtout à des actes de barbarie indescriptibles qu'ils filmaient et diffusaient sur les réseaux. Ces images de cruauté, qui étaient censées terroriser Périphéria et galvaniser Métropolia, eurent l'effet inverse.

Le peuple des périphéries se leva comme un seul homme et bouta les barbares hors de leurs frontières.

Après quelques escarmouches dans les zones de résidences secondaires, les « croisés » désertèrent. La croisade fut un fiasco. Mais l'empereur n'avait pas dit son dernier mot.

Deuxième partie

Genèsia

Une île

Belle île, c'était une belle île. Nous vivions là depuis au moins quatre ou cinq générations. On peut toujours travestir l'histoire, oublier, idéaliser, inventer, mais comment peut-on mentir au sujet de la géographie ? Nous résidions donc sur une petite île perdue au milieu de l'océan et notre insularité était notre identité, notre force. La géographie qui façonne les hommes, c'est un classique, non ?

Notre île était perdue dans un océan urbain. Le continent nous paraissait lointain, inaccessible. Nous vivions entourés d'eau et donc d'une société liquide, abstraite, lointaine. Mais contrairement à l'île abandonnée et déserte que l'écrivain aventurier Daniel Defoe avait baptisée « Despair Island », nous baignions plutôt dans l'optimisme de Michel Tournier, du côté de l'« Esperanza ».

Nous ne vivions ni en enfer, ni au paradis, mais dans un espace de liberté et de rêverie. Pour nous, l'insularité n'était donc pas synonyme d'isolement ni de relégation. Nous n'étions pas abandonnés sur une île déserte, nous avions au contraire l'impression que nous avions abandonné le monde.

Comme tous les habitants des petites îles, nous avions le sentiment d'être le centre de l'univers. Pour nous, les autres terres, le continent, étaient périphériques, lointains. Nous vivions sur la terre du milieu. Du centre de la terre, nous contemplions le monde. Nous étions des « îliens », pas des continentaux. Mais, loin des clichés attribués aux îliens, sur l'enfermement, la négation de l'Autre, cet isolement était au contraire source de vie, d'une vie simple faite de rencontres, d'échanges. Une terre que l'on n'avait aucun mal à partager, et que nous savions limitée par la géographie. Ces limites naturelles avaient développé la conscience de la finitude, mais aussi de la richesse de la vie. D'ailleurs, pour la majorité d'entre nous, ce bout de terre représentait un tout, notre berceau et notre tombeau.

À l'extérieur, les îles sont parfois perçues comme des prisons – on y enferme les délinquants et les exilés politiques – ou comme une punition, une condamnation à la sédentarisation. Pour nous, ce mot ne voulait rien dire. « Sédentaire » était un point commun, un trait d'union entre les autochtones. Pour tous, l'attachement à l'île était une évidence, un ancrage géographique mais aussi social. Beaucoup de gens arrivaient dans l'île, mais peu en repartaient.

Et quand ils partaient sur le continent à la recherche d'une vie meilleure, ils continuaient évidemment à exalter l'autonomie et la singularité de ce petit bout de terre. Dans ce contexte, la mobilité, le bougisme, « Le changement, c'est maintenant », comme ils disaient, tout cela nous était étranger. À l'exception de la virée estivale, où certains quittaient l'île pour le lointain, le village des ancêtres, d'autres pour des destinations de proximité, en général les plages du Nord, notre Californie.

En fait, naître, vivre et mourir dans cette île populaire ne nous paraissait pas scandaleux, une fois qu'on avait intégré un récit collectif qui se déposait couche après couche, génération après génération, comme du limon. Cette histoire nous nourrissait sans que nous nous en rendions compte, surtout sans que personne ne vienne l'écrire, la figer, la récrire, ou la rendre misérable ou complexe.

Nous résidions sur une île très peuplée, surpeuplée même, de mémoire 12 000 habitants, sur une surface de 15 hectares, soit 800 habitants à l'hectare. Cela représentait une belle densité. Cette densité de population sur une surface limitée favorisait mécaniquement la proximité, parfois la promiscuité, mais surtout les échanges. Les familles ? Nombreuses ! Trois enfants au minimum (la carte « famille nombreuse » était LA carte d'identité). Les enfants peuplaient les ruelles toujours bondées du quartier. Nous empruntions les mêmes rues, fréquentions les mêmes places, les mêmes écoles, jouions au football sur les mêmes terrains vagues. Entre la rue et les cafés enfumés, nous passions l'essentiel de notre temps libre à l'extérieur.

Notre petite société reposait sur la réciprocité. L'anthropologue Marcel Mauss aurait certainement défini nos relations comme un contrat social basé sur le don et le contre-don, articulé autour de la triple obligation de « donner-recevoir-rendre ». On ne comptait pas les gestes d'entraide, les trocs ou les coups de main, les services, les gardes d'enfants. Tout cela créait un état de dépendance et un renouvellement permanent du lien social. Nous n'avions rien ou presque rien. Mais ce « rien » ne voulait rien dire, d'ailleurs, on n'en parlait jamais. L'important était de continuer à vivre, sans laisser la place au désespoir, à la tristesse, et encore moins aux lamentations. La seule chose dont nous étions absolument certains était que vivre sans espoir voulait dire cesser de vivre.

Et vivre, cela passait par la rue. Le logement n'était pas « surinvesti », personne n'en « possédait », nous étions tous locataires, et très majoritairement dans le parc privé (beaucoup moins cher que le parc social qui était en train de faire son apparition, avec les opérations de démolition-reconstructions) ; un parc insalubre et noirci mais dont les loyers étaient parfaitement adaptés à nos revenus. Le fait que ces appartements étaient en général trop petits expliquait que beaucoup d'entre nous dormaient dans la même chambre que leurs parents. L'espace privé nous conduisait donc à pousser les murs. Ce n'était pas un problème, puisque nous possédions tous le don singulier du passe-muraille, nous pouvions passer les murs sans être incommodés. Il était donc impossible de nous enfermer. À la fin, nous déferlions toujours à l'extérieur. La rue était le prolongement de notre appartement. Nous y avions grandi. Sauf si le temps était vraiment horrible, nous étions dehors : jeux, foot, discussions, flâneries, petits vols, embrouilles, et surtout rires.

Les activités de rue ne manquaient jamais. Tous les jours, les familles se déversaient dans la rue – des adultes, des vieux et surtout des enfants. En débarquant sur l'île, on ne voyait que ça, des mômes. C'était l'île aux enfants. La présence des enfants disait beaucoup : les gens connaissaient leurs voisins et leur faisaient confiance. Les parents n'avaient aucune crainte de laisser sortir les enfants. À cette époque, « le parascolaire », c'était ça, la rue. Les activités y étaient gratuites et illimitées. D'ailleurs, plus tard, le premier signe d'embourgeoisement de l'île fut la disparition des enfants et leur cloisonnement dans des espaces de jeu limités, fermés et virtuels. Le jeu gratuit et libre de la rue a ainsi été définitivement remplacé par la multiplication des cours périscolaires payants et encadrés. Aujourd'hui, laisser des enfants jouer seuls dans la rue est perçu comme une incongruité, voire une imprudence.

Dans l'île, la pratique de la rue favorisait la multiplication des rencontres, des amitiés, des amours. La rue était notre réseau social, et ce réseau laissait la place au hasard et à la diversité des rencontres. Aujourd'hui, la rue étant devenue le lieu des « mauvaises rencontres », c'est le réseau virtuel banalisé, mais « sûr », qui a pris le relais, et avec lui l'homogénéisation sociale et culturelle généralisée des contacts.

On sillonnait avec nonchalance les rues de l'île, qui n'étaient pas encore devenues un lieu de consommation, mais un spectacle. Nous n'y croisions pas des « figures pittoresques », comme le disent les pédants, mais des gens qui ressemblaient à nos pères, à nos mères, à nos sœurs, à nos frères. Dignes, honorables, fiers, ils faisaient vivre notre culture avec leurs mots, leurs attitudes, leur humour.

On ne cessait de rôder et de scruter nos congénères. Notre représentation « sociologique » des habitants de l'île était une représentation joyeuse, moqueuse, virevoltante. Tout le monde avait des surnoms. L'observation minutieuse des gens était un exercice commun à l'ensemble des îliens, tous. L'étrangeté, l'anormalité, l'exception faisaient partie de notre monde ; cette diversité ne donnait jamais lieu à des drames, à des discours, et encore moins à de la pleurniche, mais à l'humour.

Les surnoms, l'exagération des histoires empruntaient toujours le même circuit, celui du rire, des excès, de la poésie : Ahmed dit « la merguez », Pedro dit « neunœil », Hervé dit « le moustique », la concierge dite « la jactance », Jojo dit « le gitan » (boucher de son état, qui tranchait par un humour particulièrement saignant), François dit « la cabane » (il y multipliait les séjours). Toutes ces particularités physiques, psychiques, culturelles, ethniques étaient autant de couleurs primaires, qui nous permettaient de caricaturer tous les paroissiens sans qu'ils s'en offusquent. Cette galerie de personnages flamboyants et grotesques, dont nous faisions évidemment partie, ne cessait de s'enrichir, de se renouveler.

L'île était peuplée de gens ordinaires qu'il était impossible de réduire à un groupe, à une classe sociale, à un type humain, à une ethnie, à une religion. Notre humanité était irréductible à notre égalité sociale. Chacun recelait au plus profond de lui-même une richesse psychologique, une densité mystique, un potentiel humain parfaitement indétectables pour le Métropolien moyen. Cette pratique quotidienne de la rue avait une autre vertu : elle nous avait appris à vivre pleinement au présent. C'est peut-être ce qui explique que nous n'avons jamais vécu dans la nostalgie du « C'était mieux avant », ni dans la naïveté du « Demain sera mieux qu'aujourd'hui ». Pour nous, l'île n'était ni l'Arcadie, ni l'enfer de Dante, mais le lieu où notre nature profonde pouvait s'exprimer.

Où la simplicité de la vie nous protégeait

Nous ne les avons jamais vraiment pris au sérieux, ceux qui écrivaient le récit de notre existence. Politiques, sociologues, documentaristes et intellectuels avaient cette propension naturelle à jargonner et à complexifier notre réalité, comme si, d'en haut, on voyait forcément les choses en plus grand. De notre côté, nous étions plutôt convaincus que rien de ce que l'humanité vivait n'avait déjà été vécu et pensé ; alors l'idée qu'un nouveau monde puisse tomber du ciel nous laissait perplexes.

Il nous semblait que cette supposée « complexité » était surtout une technique qui autorisait ceux qui n'avaient aucune connaissance de la vie réelle à parler à notre place. Surtout, on avait compris que les gens qui compliquent tout sont des gens qui craignent la réalité. Ils complexifient pour se protéger. La simplicité les déstabilise. Pour nous cette mise en avant de la complexité n'a jamais été un signe d'intelligence, mais de peur.

Nous, nous n'avions peur de rien. Le fait de ne (presque) rien posséder, de ne (presque) rien consommer, expliquait qu'aucun d'entre nous n'avait peur ; pour avoir peur, il faut avoir quelque chose à perdre, non ? Quant à l'intelligence, nous en avions une définition simple : « On est intelligent quand on comprend les choses. » Autant vous dire qu'avec cette définition, nous n'avions donc pas vraiment l'impression d'être dirigés ni représentés par les gens très futés.

Tout cela nous portait mécaniquement à une forme de sagesse, d'humilité et de simplicité. Dans nos conversations, on ne parlait jamais de métaphysique mais on abordait les questions de l'être et de l'existence « mine de rien », un peu comme les artistes et les écrivains, qui nous semblaient être bien supérieurs aux cosmographes, lesquels racontaient notre monde à partir de sournois postulats. Ce discret panache philosophique, les hommes, les pères, les femmes, les mères l'incarnaient à merveille, parfois en changeant d'avis plusieurs fois par jour. Mais, comme ils portaient leur condition humaine sans artifice, cette sincérité nous donnait le sentiment qu'on pouvait les croire sur parole.

Plus tard, arrivé au salon, cette simplicité me vaudra évidemment des procès en simplisme. C'est vrai qu'en écrivant des livres, j'avais une idée en tête, raconter des vies simples, ce que j'ai vécu. Les gens dont je parle ne sont pas inventés, je les connais, je vis avec eux. Je sais que ces gens ordinaires n'ont pas besoin qu'on pense à leur place, qu'on les définisse. Je ne ferai jamais ça. Des choses comme ça, ce n'est vraiment pas notre genre, et c'est contraire au décalogue qui était en nous.

Où survient le décalogue

Sur notre île, nous ne voyions pas les étoiles de Kant. Le ciel étoilé au-dessus de nos têtes était presque invisible. La cause de ce phénomène n'était pas météorologique ; il était la conséquence d'une faible diffusion des Lumières, qu'elles soient idéologiques ou religieuses. Dans nos maisons, il n'y avait pas de livres. Chez nous, pas même l'Évangile ; nous étions le pur produit de la déchristianisation. La messe, la confession, le jeûne, tous ces rituels étaient en voie de disparition. Bien avant que Marcel Gauchet écrive son *Désenchantement du monde*, l'île était comme « sortie de la religion ».

Chez nous, à la maison, pas de prêche, pas d'obligations, pas de Bible ni de tirades idéologiques. Chez eux, dans leur maison, pas de prêche, le Coran est présent, mais pas d'obligations religieuses, et surtout aucune tirade idéologique. Chez eux, dans leur maison, pas de prêche, la Torah est présente mais pas d'obligations, et pas de tirades idéologiques.

Si certains, notamment les communistes, s'étaient construit d'autres croyances, pour la majorité des habitants le ciel étoilé n'existait pas. Mais nous n'étions pas des héros oubliés des dieux, puisque la morale était en nous. Nous avions tous la capacité instinctive de discriminer le bien du mal, de respecter les règles d'un décalogue en nous.

Ces règles sacrées, jamais assénées mais toujours suggérées, nous remplissaient l'âme sans que nous

nous en rendions compte. Nous étions libérés des dogmes idéologiques ou religieux, mais appliquions une morale qui n'interdisait ni le plaisir, ni les excès, ni d'ailleurs les petits larcins, à condition qu'ils ne causent pas de grands maux, bien sûr. Si le « hors-la-loi » – les vols, les magouilles, la violence – existait, cela ne remettait jamais en cause la parole, la confiance donnée, l'honneur, l'humilité, l'éthique de vie. Ce pragmatisme nous contraignait à ne jamais quitter le domaine de la raison, puisque nous avions conscience que tous nos actes comptaient et que nous en étions responsables.

Armés de ce décalogue, qui nous promettait une existence décente, il était difficile d'imaginer une jeunesse plus satisfaisante, une jeunesse morale qui nous portait à la joie et à la folie. Une folie qui nous persuadait que nous allions tous faire de grandes choses.

Le temps béni où la mixité n'existait pas

Avant de poursuivre, je me dois de prévenir les personnes sensibles. J'avertis notamment les membres du clergé : le passage risque d'être rude. Je me suis même demandé s'il n'était pas sage de renoncer à publier ce texte, qui remet en cause l'un des préceptes moraux les plus élevés de Métropolia : celui de la mixité. Car, en ce temps-là, il n'y avait aucune mixité sociale, et cela ne posait aucun problème. C'était le temps béni où l'ordre moral n'avait pas encore sévi, où la représentation des espaces populaires ne passait pas encore par la grille de lecture de la bourgeoisie, relayée par l'Académie et les médias.

Nous avons vécu isolés dans un environnement homogène socialement, sans en souffrir. Nous avions le même mode de vie et de consommation, et personne ne se préoccupait des apparences. On ne se distinguait pas ou peu. Nous étions tous habillés avec les mêmes vêtements, le style Tati évidemment. Les gamins avaient la même coupe de cheveux réalisée maladroitement par les mères. Les bagnoles étaient toutes achetées d'occasion, bien sûr, et leur prix était celui de l'argus. La voiture neuve, la fringue de marque, la sortie au restaurant… Tout cela nous était totalement étranger, et ne nous manquait absolument pas. Aucune frustration. Les limites matérielles, qui nous avaient libérés de la malédiction consumériste, nous rapprochaient.

À cette époque, aucun sociologue-anthropologue-sondeur n'avait encore foulé le sol de notre île pour expliquer au monde comment cela se passait, comment nous étions organisés, comment nous fonctionnions, ce que nous mangions, à quelle catégorie nous appartenions, et, surtout, comment il fallait se comporter. C'était un temps où la petite bourgeoisie n'avait pas encore inventé « la mixité sociale », et encore moins cette expression stupide de

« quartiers populaires » pour en faire un objet culturel et politique à sa main.

Dans cette période, on ne considérait pas que pour se « civiliser », pour entrevoir la lumière, prendre l'ascenseur social (encore une expression qui n'existait pas), nous devions côtoyer, dans le logement ou à l'école, des catégories qui nous auraient été « supérieures ».

Les îliens étaient « les mêmes », et cela ne posait pas de problème. Personne n'aurait songé à vouloir diluer, atténuer notre culture, notre mode de vie dans un modèle qui n'était pas le nôtre. Nous étions forts et respectés, et nous ne dépendions de personne. Aucun camarade ne parlait de « mixité », encore moins du concept fumeux de « vivre ensemble ». Mieux, le parti communiste refusait cette vision misérabiliste, et plus encore les politiques de discrimination positive, dites « de la ville », qui réduisaient la classe ouvrière à un objet statistique sous contrôle. Aujourd'hui, la représentation des îles, quartiers, communes populaires, nous a totalement échappé. La production de données vient toujours d'en haut. Nos vies sont devenues un compte, là où nous voudrions qu'elles soient un conte. Désormais, quand on parle de nous, on dégaine les chiffres : « Sortez les tableaux de bord ! Allez chercher vos recensements. Je veux de la catégorie sociale ! De la synthèse ! Du diagnostic objectif, de la dynamique territoriale et de la modélisation ! De la stat ! Faites du chiffre ! » Pour quelle utilité ? Ils croulent sous la DATA et nous comprennent de moins en moins. Il semble bien que, plus « les territoires » (c'est comme cela qu'ils nous définissent) sont renseignés, moins on les comprend, comme si cette pluie de chiffres ne servait qu'à alimenter l'ignorance et à recouvrir la réalité. Mais cette vie ordinaire n'est ni catégorisable, ni réductible à des statistiques.

Tout ce que je peux dire, c'est que notre île ressemblait aux autres îles sociales. Des ouvriers, des employés, quelques chômeurs, des artisans de toutes origines, mais socialement, nous étions les mêmes, mêmes revenus, mêmes fragilités. Nous entamions les dernières années de ce qu'on appelait les « Trente Glorieuses », mais on ne voyait pourtant pas très bien ce qu'il y avait de glorieux dans la situation de nos pères et mères. Les statuts étaient loin d'être fixes. La plupart des familles vivaient de ce qu'on n'appelait pas encore les « petits boulots », souvent éreintants. Finalement, la norme était de vivre « à l'arrache ». Rien n'était stable, acquis, nos pères et nos mères cherchaient à boucler les fins de mois. Par exemple, le paiement trimestriel du loyer – une somme pourtant dérisoire, au regard des loyers métropolitains d'aujourd'hui – provoquait toujours une petite angoisse dans la plupart des foyers. Combien de fois avons-nous entendu « on va finir sous les ponts » ! À ce moment du récit, je devrais faire vibrer la corde sensible, parler revenus, contingences matérielles, difficultés, en quelques mots, faire coïncider la représentation misérabiliste du clergé et la nôtre. Il n'en est pas question. Et ce, d'autant plus que personne n'avait jamais fait un drame personnel de ce « manque » d'argent, puisqu'il concernait tout le monde. L'absence de mixité sociale nous protégeait de la pleurniche.

C'est peut-être aussi ce qui explique que nous n'avions pas de conscience de classe au sens politique. Nous vivions notre vie comme on l'aimait, cela nous paraissait plus puissant que de faire la révolution pour ceux qui parlaient en notre nom, faisant surtout avancer leurs intérêts. À cette « règle », une exception, le parti communiste, qui, dans l'île, était très apprécié, non parce qu'il représentait le parti de la lutte des classes, mais parce que ses dirigeants n'avaient pas honte de nous. Et puis, cette haine croissante qui montait dans les milieux médiatiques et socialistes à l'égard des ouvriers communistes, de plus en plus associés à une bande de crétins alcooliques, nous incitait à faire bloc. Par ailleurs, les pères communistes qui vivaient dans l'île étaient les plus structurés politiquement, les plus stables économiquement : ils avaient souvent des bons boulots, ouvriers dans des boîtes stables. Cette aristocratie locale était respectée. Mais, au fond, la révolution prolétarienne restait quelque chose de lointain, de trop abstrait.

On s'intéressait à tout, aux débats, aux élections, mais toujours avec dérision. En fait, nous n'étions pas épris de politique, pas épris d'idées. Paradoxalement, nos conditions matérielles nous avaient libérés de la malédiction de l'idéologie. Nous ne pouvions plus être contaminés par les dogmes ni par les grands récits politiques ou historiques. On pressentait que l'adoption d'un idéal politique exigerait un devoir d'obéissance, ce qui était inconcevable. Et puis les discours de gens qui avaient toujours des choses à dire, cela ne nous ressemblait pas. Car nous savions que, parfois, on n'a rien à dire. Et c'est très bien comme ça.

Sur l'île, l'inégalité, la laïcité, la méritocratie, l'égalité, le rapport à « l'Autre », les différences culturelles n'encombraient jamais nos conversations. Pourquoi ?

Le clergé pense évidemment que cette attitude est la conséquence de la faiblesse du nombre de diplômés et de la fermeture, voire de la stupidité inhérente au caractère de l'îlien. La réalité est ailleurs. Nous vivions ce qui n'était que des idées pour les autres, nous n'avions pas besoin d'en faire des objectifs.

Sans en avoir conscience, nous faisions vivre une sorte de « socialisme îlien », en appliquant au quotidien des préceptes chrétiens et communistes fondés sur la valorisation du bien commun et le respect des autres. Les familles, les pères, les mères, les sœurs, les frères, tout le monde se fréquentait, échangeait, dans la rue, dans les cafés. Les échanges, les rencontres n'avaient pas besoin d'être théorisés et encore moins organisés. Tout cela était. Nos pères, différents, de toutes origines, étaient les mêmes. Nos mères, toutes différentes et de toutes origines, étaient les mêmes.

On percevait bien sûr les différences de religions, de couleurs de peau, de cultures, mais ce n'était pas un sujet de conversation. Cela ne voulait pas dire que l'on croyait à la fable selon laquelle l'origine et le racisme n'existaient pas. La vie et les rencontres nous avaient appris que certains pouvaient être racistes le matin et fraternels l'après-midi. On savait tout cela. On avait aussi compris que l'identité que l'on porte est d'abord celle du regard de l'autre, malgré soi. On nous pense avant de se penser. C'est dans le regard de l'autre qu'on était noir, blanc, ou maghrébin.

Mais tout cela était écrasé par les solidarités familiales, les entraides, le troc, les échanges de services, la confiance, pour des gens qui partageaient le même mode de vie. D'ailleurs, tous les îliens, de toutes générations, avaient eu des histoires d'amitié, d'amour avec des hommes, des femmes, des garçons, des filles, d'autres « communautés » (un terme qui n'existait pas).

L’arrivée des continentaux

Où l’on assiste au débarquement

Et puis un jour, comme Crusoé, nous avons vu débarquer les cannibales, par la mer. Ils venaient tous du continent. Ils sont d’abord arrivés au compte-goutte, se fondant dans la masse, presque invisibles, grimés du masque de la bienveillance et de la tolérance. Un niveau de tolérance si élevé qu’il interdisait d’élaborer, et même de penser la moindre critique de leur présence.

Au départ, les continentaux vivaient dans leurs rêveries. Leur perception suintait les clichés et le purisme. Ils avaient en tête le mystère mythique des îles sociales et de leur grande histoire sociale. Ils disaient vouloir partager et apprendre de nous. On avait l’impression qu’ils rêvaient notre île comme un retour au local, à la « vraie vie » des gens simples. Certains déclaraient même vouloir divorcer, se séparer de leur milieu social d’origine, repartir à zéro. Voilà pour les rêves et l’affichage.

Prudents, ils ont d'abord envoyé leurs éclaireurs, des artistes qui s'installaient là où le rouleau compresseur démolition/rénovation/restructuration n'était pas encore passé : d'anciens ateliers, des commerces abandonnés, des appartements transformés en squats. Les choses se sont mises à changer quand la première vague de cadres supérieurs et moyens a commencé à acheter des appartements, afin de les rénover à peu de frais : celui de la mamie décédée ou de la famille « relogée ». Ces acquéreurs de biens insalubres nous paraissaient étranges. Déjà parce que, à quelques rares exceptions, les îliens n'étaient pas propriétaires de leur logement, mais aussi parce qu'on n'aurait jamais imaginé que les appartements ou le foncier de l'île pouvaient avoir la moindre valeur marchande.

Contrairement à nous, ils détenaient une information d'initiés : le renchérissement du foncier dans les quartiers pauvres des métropoles était inéluctable. Se positionner sur ce marché avant l'augmentation du prix du mètre carré était l'assurance de faire la culbute. Voilà pour l'objectif. Leurs sentiments étaient-ils vils ? Non, il ne s'agissait que de la stratégie banale et sans surprise d'une nouvelle bourgeoisie qui cherchait à entrer dans le grand monde en jouant au casino, c'est-à-dire en participant à un Monopoly métropolitain qui pouvait vous faire devenir riche, mais dans la discrétion.

On a très vite compris que notre conception du capital laissait à désirer. Cet intérêt porté à la valeur de nos logements et de nos immeubles s'est concrétisé avec l'apparition des premiers digicodes et ascenseurs. Ces mœurs étranges annonçaient aussi un basculement des modes de vie du collectif vers le privé. L'insouciance d'être, qui était la caractéristique de l'île, était en train de disparaître sous la spéculation et le sérieux écologique. On comprenait que l'arrivée des continentaux n'était pas que « folklorique » ; dans leur besace il y avait l'argent, le marché et le patrimoine. Un univers petit-bourgeois et un rapport de force étaient en train de naître au sein de l'île. Pour nous, c'était l'apparition des inégalités, la visualisation d'un conflit de classes de proximité.

Et puis, les choses se sont accélérées. L'État et les continentaux avançaient main dans la main : les pouvoirs publics se chargeaient des expulsions sous couvert d'un traitement de l'insalubrité, les continentaux assuraient le renchérissement des prix, lequel interdisait tout retour des expulsés et l'arrivée de catégories modestes. Nous allions bientôt être dépossédés de notre lieu de vie.

De la multiplication des ingérences culturelles et politiques

En débarquant sur les rivages de notre île, les continentaux s'imaginaient intégrer un paradis perdu peuplé d'indigènes naïfs, mais reconnaissants de leur présence. Il fallait aussi qu'ils soient la matrice de cette communauté idyllique et primitive. Leur mission était de réinventer leur vie, mais aussi la nôtre, dans « le plus grand respect de ce que nous étions » ; un nouveau monde où l'indigène serait respecté. Respecté, certes, mais quand même dominé. Car dans ce paradis social il était entendu que les continentaux dirigeaient. Très rapidement, nous, les sympathiques arriérés, avons compris que leur plan n'était pas d'intégrer nos mœurs et nos coutumes, mais d'imposer les leurs.

Chaque jour nous découvrions des facettes de leur curieux mode de vie. Ils transformaient radicalement ce qu'ils achetaient. Avec deux ou trois logements ouvriers, un local artisanal ou commercial, ils créaient des surfaces de logement d'autant plus gigantesques que leurs familles étaient rarement nombreuses. Après avoir englouti l'immobilier, les cannibales se sont mis à dévorer nos lieux de vie, puis à les segmenter. C'est ainsi que nous avons assisté à une spécialisation des commerces et des cafés.

Les continentaux n'avaient pas les mêmes besoins ni les mêmes envies que nous. Ils vivaient entre eux, leurs enfants aussi. Les enfants des continentaux ne fréquentaient pas ou peu la rue, que leurs parents considéraient comme un endroit dangereux. Leur temps libre se partageait entre des activités parascolaires et leur domicile. Ces enfants étaient donc privés d'une source naturelle de dopamine, mais, surtout, d'un lien social réel qui déterminait le type de personne que nous serions. Dès cette époque, instinctivement, nous savions déjà que les enfants de continentaux n'auraient pas le même destin que nous. Comme leurs parents, ils apprendraient à vivre dans des bulles.

Leur mode de vie s'imposait discrètement. Ne voulant pas être perçus comme des colons, les continentaux mettaient un point d'honneur à respecter le décor. On rénovait, on changeait tout, mais on gardait tout « dans son jus » ; c'était leur expression favorite. Cette nouvelle bourgeoisie tirait un véritable prestige de sa proximité avec les classes populaires, surtout si elles venaient de cultures différentes. L'affichage d'une coexistence factice avec la diversité de l'île était le moyen le plus sûr d'invisibiliser le violent conflit de classe qui se jouait.

De nouveaux commerces, une vie centrée sur une nouvelle consommation – qu'ils qualifiaient d'équitable –, un nouveau modèle de dépense (qu'on imagine lié à leur niveau de revenus) et une mobilité frénétique (ils quittaient l'île pour chaque période de vacances) étaient autant de signes qu'un nouveau style de vie venait de naître. Les continentaux cochaient toutes les cases d'un mode de vie « bourgeois ».

C'est ainsi qu'au cœur de l'île, des emplois qui nous paraissaient être l'apanage des quartiers bourgeois ont subitement vu le jour : la femme de ménage, bien sûr, mais aussi la nounou, le prof à domicile, Fatoumata qui vient chercher les enfants. Ce système d'exploitation était inconcevable pour nous, pour nos parents. De mémoire d'îlien, personne n'avait jamais demandé que quelqu'un fasse son ménage, ses courses, ou que l'on garde ses enfants. Ce n'était même pas une question sociale ou politique mais une question de décence. Comment pouvait-on exploiter un semblable qui aurait pu être son frère, sa mère ?

Et puis, si des esclaves étaient utilisés pour se faire livrer, transporter, garder sa progéniture, une question se posait. Qui gardait les enfants de l'esclave ? Qui faisait le ménage des mères qui nettoyaient les lofts des continentaux ? On ne découvrait pas la question de l'exploitation ; nos pères l'étaient, exploités, mais par des entreprises, par un système, qui n'avait pas de visage. Là, c'était différent. L'exploiteur était notre voisin qui, en sus, n'assumait pas son statut de classe. Il avait même développé une rhétorique qui pouvait aisément le faire passer pour un généreux donateur, un protecteur, voire un ami.

Et puis, parce qu'il fallait bien justifier leur système d'exploitation, nous avons assisté au retour de la religion dans la vie publique, les colons expliquant chaque jour aux colonisés les bienfaits de la colonisation. Ils avaient des idées sur tout ! La pédagogie, l'environnement, l'urbanisme, tout devait être analysé à l'aune de leur morale. Nous devenions des rats de laboratoire.

L'île périphérique était en train d'être dévorée culturellement par la « modernité métropolitaine », mais sans nous, et, ce qui était très subtil, en gardant le décorum. Les continentaux s'appropriaient notre culture en la muséifiant. Le modèle du village populaire Potemkine était né. C'est d'ailleurs à cette époque que des intellectuels métropolitains inventèrent le concept de « quartiers populaires », pour désigner les quartiers qu'ils embourgeoisaient. Comme une épitaphe sur une tombe, notre île ainsi devenue un « quartier populaire ». L'acte de décès des classes populaires dans la grande ville venait d'être publié.

Leur style de vie traçait des frontières culturelles tellement fantastiques et arbitraires entre leur vie et la nôtre qu'il était parvenu, en quelques années, à dénaturer l'harmonie de l'île. En important au cœur de l'île ce qui n'existait pas, le marché, les inégalités de revenus, les rapports de classes et une insécurité culturelle grandissante, les continentaux prenaient discrètement le pouvoir. Personne n'avait vu le coup venir, pas même les communistes qui, pourtant, étaient chez eux dans l'île où, en matière d'hégémonie culturelle et de contrôle politique, on pouvait dire que leur expertise était indépassable. Cependant, ils n'ont pas compris que les continentaux étaient dans une logique de conquête, et ils se sont laissés dépasser.

Et pour cause : il était impossible de détecter leurs intentions. Leur affichage « très à gauche », et cette façon unique de brandir perpétuellement le drapeau blanc de la lutte des classes devant des classes populaires qu'elles exploitaient et dépossédaient de leurs biens et de leur culture, avaient contribué au désarmement des forces politiques historiques. L'ingérence des couches supérieures dans la gestion et le contrôle des espaces public se réalisait à bas bruit, notamment par la mise en avant de leur pacifisme social, procurant une image flatteuse et mythifiée des îliens.

Cette stratégie maligne leur permettait d'afficher une altérité sociale qu'ils ne pratiquaient jamais dans la réalité. Leur forte implication dans la vie de quartier et dans des structures associatives concourait ainsi à mettre en avant un investissement « désintéressé », destiné à l'amélioration du quartier, à son embellissement et… accessoirement au renchérissement de leur patrimoine. Inodore, imperceptible, tel un gaz mortel, leur culture s'est imposée. Les librairies et autres lieux de culture qui se multipliaient nous apparaissaient comme autant de petits fortins dans lesquels nous n'avions rien à faire. Nos compagnons de route culturels ayant déserté (gauche, parti communiste), nous nous retrouvions seuls face au rouleau compresseur de la culture métropolitaine. On sentait bien que notre ignorance de la culture de ceux qui nous dominaient était une fragilité qui nous renvoyait à une forme de béance culturelle très ancienne.

Le livre, les musées, l'art, le théâtre, le spectacle (pas plus que le restaurant), ce n'était pas pour nous, ni pour nos parents qui n'y entendaient rien. Et comme tout cela nous paraissait inaccessible, alors on dénigrait, on se moquait de ceux qui allaient au musée, au théâtre. Ils avaient leur culture, nous avions la nôtre, mais, à la fin, ce sont eux qui dominaient. À la fin, on s'en remettait donc à l'instruction publique, mais on sentait bien que ce n'était pas suffisant.

En la matière, il existait une instruction secrète, quelque chose au-dessus de l'école qui s'appelait la culture générale. Cette instruction, quelques enfants de l'île en bénéficiaient. Ils étaient tous issus de l'aristocratie ouvrière du coin, des familles communistes. Les pères avaient des métiers plus stables, plus solides, et surtout ils accordaient de l'importance à la transmission d'un bagage culturel. D'ailleurs, les parents communistes étaient ceux qui investissaient le plus de temps à transmettre et à éduquer leurs enfants ; ce surinvestissement rappelle celui des parents asiatiques actuels. Cet investissement, nous en bénéficions parfois. Ce sont des pères communistes qui m'ont ainsi ouvert la voie du livre, tout en valorisant ce que nous étions. L'hégémonie culturelle des continentaux n'étant plus contestée, la prise de pouvoir politique pouvait avoir lieu. Le parti communiste allait disparaître du paysage politique de Métropolia.

La vida es sueño

Conscients de la distance sociale et culturelle qui les séparaient des envahisseurs, nos pères les avaient baptisés « les martiens ». Certains, plus acerbes, les nommaient les « termites ». Mais ces railleries ne disaient pas grand-chose du conflit de classes qui se jouait en coulisse. Nous avions la conviction qu'il fallait imposer un contre-discours à la rhétorique euphémisante des journalistes ou des académiciens – souvent partie prenante de l'invasion –, qui présentait nos envahisseurs comme de jeunes ménages urbains un peu fantasques, des écolos sympas, des aventuriers. Et quand on voulait faire « savant », on parlait de « gentrifieurs ». Tous ces termes avaient en commun d'invisibiliser le processus d'appropriation immobilière et culturelle. Alors, comment les nommer ?

Le terme « Yuppie », acronyme de « Young Urban Professional », commençait à se diffuser, mais ce jeune cadre américain était trop aisé, trop lié au seul secteur de la finance, trop new-yorkais. Surtout, ce terme ne disait rien de la gentrification des quartiers populaires. « Bourgeois » ne collait pas non plus, puisque les continentaux ne ressemblaient pas à la bourgeoisie d'hier. Et puis, un jour, le terme idoine m'est tombé du ciel. C'était en début de soirée, le 13 juin 2000, au moment où les jours rallongent et que se diffuse dans l'air cette ambiance de vacances. Je décidai de descendre lentement la principale colline de l'île, d'où l'on pouvait admirer les vignes, les prairies et surtout la plus belle vue sur Métropolia. Alors que je traversais ce riant paysage, mes yeux s'ouvrirent à la lumière : une jeune femme photographiait la célèbre fresque de l'artiste Menesger à la gloire des « gars de l'île ». Comme tous les photographes étrangers, elle sillonnait l'île à la recherche des paysages mythiques photographiés il y a un siècle par Robert Doisneau, celui qui avait pulvérisé notre image aux quatre coins du monde.

Je l'interrogeai :

« Tu sais ce que représente cette fresque ?

— *No sé* ? »

Arty, *boyish*, cool, elle portait une fleur rouge dans ses cheveux noirs, le symbole de paix, d'amour et de non-violence des hippies. Latine, peut-être ?

« Espagnole ?

— Non, je viens de New York » (en français avec un accent américain).

Nous engageâmes une longue conversation. Jamie-Leigh L. était américaine, mais ponctuait bizarrement toutes ses phrases d'un « *No sé* », habitude qu'elle avait prise à Madrid où elle avait vécu de longues années. Elle était photographe, une « *street artist* ». Elle me révéla ses photos lumineuses : poétiques, naturelles, jamais misérabilistes, des images pénétrées de rêve et de paix. Elle vivait, elle aussi, sur une « île ». Depuis son enfance, elle n'avait jamais cessé d'arpenter d'autres rues, de fréquenter d'autres cafés, d'autres terrasses, ceux de Brooklyn. Le temps s'est comme suspendu. Elle m'expliqua que, dans son *borough*, les maisons du XIXe siècle alternaient désormais avec d'anciens bâtiments industriels réhabilités, que le style « néo-indus » y était né au moment où les artistes et hipsters avaient débarqué pour fuir la flambée des loyers de Manhattan.

Elle vivait à Dumbo (abréviation de « Down Under the Manhattan Bridge Overpass »), ancien quartier industriel enjambé par le Brooklyn Bridge et le Manhattan Bridge. Pour ceux qui ne visualisent pas, pensez au décor d'*Il était une fois en Amérique* de Sergio Leone, en 1984. C'est là ! Malgré ces changements, elle m'expliqua qu'au fond elle avait gardé l'esprit « Made in Brooklyn » d'origine, celui de son enfance, de ses amis. Jamie me parla de Brooklyn, de la population qui y vivait, de son attachement à un lieu qui était en train de changer. J'aurais utilisé les mêmes mots. Aucune nostalgie. Elle ne fit jamais aucune référence à un passé mythifié. Cette artiste était parfaitement intégrée à la culture métropolitaine, mais elle avait la conviction que quelque chose de précieux s'était évaporé. Cette îlienne américaine exprimait un ressenti commun à tous les îliens des grandes villes, le sentiment d'avoir été dépossédé de sa propre culture.

Cette violence culturelle, cette acculturation, je la partage aujourd'hui avec des chercheurs, des journalistes ou des artistes étrangers, qui parlent la même langue que moi. Îliens comme moi, ils ont le sentiment d'avoir été dépossédés de leurs lieux de vie, mais aussi d'une culture qui n'a plus droit de cité. Jamie me parla de la situation sociale et politique aux États-Unis, et d'un livre qui venait d'être publié, *Bobos in Paradise* ; l'auteur, David Brooks, un journaliste du *New York Times*, y décrit le mode de vie des élites progressistes proches de Bill Clinton.

« Bobo ?

— Ya Bohemian Bourgeois. »

C'était une épiphanie : je venais de trouver l'expression qu'il fallait coller sur le dos des continentaux, de nos gentils colons ! L'expression était puissante, moins parce qu'elle permettait d'identifier un mode de vie « bohème » que parce qu'elle dévoilait le statut social de nos fameux « martiens ». Le plus important, dans l'expression « bobo », n'était donc pas « bohème » mais « bourgeois ». Je me dis alors que la lutte des classes, invisible depuis des décennies dans nos îles, n'allait pas le rester. Cette petite bourgeoisie cool, qui refusait d'assumer le rapport de classes, allait devoir l'assumer. Pour détourner cette expression journalistique et culturelle en objet sociopolitique, je décidai d'écrire une tribune avant l'élection du maire de Paris, en novembre 2000, dans laquelle j'expliquais comment la gentrification allait paradoxalement provoquer le basculement à gauche de Paris [2]. J'adressai, comme à mon habitude, ma tribune au journal de la gauche métropolienne.

Dans l'heure, le patron des pages « Tribunes métropoliennes » m'appela : « S'il te plaît, tu ne proposes le papier à personne, ça va être une bombe, on le publie en janvier. » Et, effectivement, en janvier, tous les médias évoquèrent le papier. Le livre *Les Bobos* passa des pages « mode de vie » aux pages « politique » ; l'expression « bobos » est sur toutes les lèvres. C'est donc grâce au journal favori des continentaux que l'expression qui dénonçait leur impact sur l'éviction des classes populaires s'est répandue dans l'ensemble des médias. Mais il y a plus intéressant : en quelques jours, le terme était adopté aussi par tous les habitants de l'île ! Et au-delà...

Dans les bars et les rues de l'île, le terme fit un carton. Tout le monde avait compris que cette expression disait tout, qu'elle permettait de sortir du flou, de la fausse empathie, de remettre une limite, une frontière entre Eux et Nous, et de rendre visible la lutte des classes. Les îliens trouvaient enfin le moyen de se distinguer socialement, de réaffirmer ce qu'ils étaient, leur culture, leur différence de mode de vie, et de désigner l'ennemi. Pour cela, merci Brooks, merci Jamie.

Et puis, comme une confirmation de la pertinence de l'expression, le terme fut immédiatement dénigré par l'Académie, les chercheurs d'État, car « trop clivant », « inventé par un journaliste ». La raison de fond, jamais évoquée, au-delà de la querelle d'ego, était surtout que cette expression permettait d'identifier les ravages sociaux d'une bourgeoisie cool à laquelle ils appartenaient. Jamie s'envola pour Brooklyn. Elle laissait derrière elle un sillage lumineux que je ne manquerais pas d'emprunter.

L'illusion du ciel étoilé

Le ciel étoilé pour seul horizon

Dans un environnement déchristianisé et désidéologisé, il fallait aller chercher son ciel étoilé, sa petite bibliothèque d'Alexandrie, un cloître où rassembler des œuvres sociales, politiques, littéraires, historiques ou philosophiques auxquelles nous pourrions nous référer, une voie magique.

Il ne s'agissait pas « de penser contre soi-même », de nier le propre de sa pensée et de ce qu'on est, mais, au contraire, de s'armer, pour résister, de se préserver et de se protéger, mine de rien. Pour cela il ne fallait pas trop compter sur les familles, peu motivantes sur le sujet. L'obtention miraculeuse du bac n'avait guère suscité d'enthousiasme, pas de désapprobation, bien sûr, mais, comme d'habitude, pour les évènements susceptibles de survaloriser les uns par rapport au groupe, de l'indifférence ; cette attitude suggérait bien sûr qu'il était peut-être temps de travailler vraiment.

Je sentais bien qu'il était temps de quitter les rives de l'île, de gagner le continent dont je ne connaissais ni les mœurs, ni les coutumes, et puis surtout, d'aller chercher ces fameuses étoiles intellectuelles et académiques qui me semblaient si loin de nous. J'avais lu et entendu que tous ces esprits brillants respectaient profondément les îliens. J'étais donc confiant, cela ne faisait pas de doute, j'allais enfin communier avec les délices de la pensée.

Je méditais depuis trop longtemps sur les cartes. Chaque nuit, à la lumière de la lourde lampe d'étain suspendue par des chaînes, qui se balançait au-dessus de ma tête, je traçais au crayon les courants invisibles qui menaient à Métropolia. Je songeais sérieusement à naviguer, à voir l'étendue de cette société liquide. Ce but ne me paraissait plus insensé, mais il ne manquait qu'un déclic. C'est après avoir échangé avec quelques matelots et marchands qui avaient accosté dans l'île et qui m'avaient vanté la vie à Métropolia (ils ne faisaient évidemment jamais état des désastres auxquels ils avaient été livrés) que je pris la décision de partir.

Je pensais partir seul. Mais le jour de mon embarquement, venus de l'intérieur des terres, par les sentiers et les rues du nord, de l'est, du sud et de l'ouest, plusieurs amis étaient présents sur les quais. Ils nourrissaient secrètement des sentiments pareils aux miens. Et, comme beaucoup d'îliens longtemps figés dans des songes océaniques, un jour, absorbés dans leurs rêveries, leurs jambes les conduisent infailliblement vers l'eau. Et, comme par magie, ce jour était celui où j'avais décidé de mettre les voiles. Le pouvoir magnétique de l'océan était irrésistible. La caravelle était au mouillage depuis longtemps devant l'île, nous n'avions plus qu'à embarquer. Le jour du départ, une petite foule se pressa sur les quais ; des amis avaient même déployé une immense banderole, pour me rappeler de ne jamais oublier l'île : « *De optimo reipublicæ statu, deque nova insula undesim* ». Je ne me rappelle plus qui avait pu écrire cela, puisqu'ici personne ne parlait latin, mais je peux vous traduire : « La meilleure forme de communauté politique est la nouvelle île d'Utopie ». C'était un peu exagéré, mais très émouvant.

Si je pensais qu'il était temps de passer les frontières qu'on ne franchissait jamais, quitter notre petite contrée et ses pâturages humains n'était pas si aisé. Mais, au moment d'appareiller avec quelques compagnons, j'entendis sonner trois coups de la cloche qui provenait de l'église pourtant déserte : l'angélus. J'avais la conviction qu'un ange gardien allait m'accompagner pour le temps de la traversée, et peut-être plus. On se guidait grâce aux étoiles : « Intelligentsia », bien sûr, et surtout, la plus importante, celle qui nous indiquait le nord, « Académia », dont la luminosité, déjà à l'époque, laissait pourtant à désirer.

Il est inutile d'ennuyer le lecteur par le détail de nos misérables aventures en mer, et de décrire les grains et tempêtes que nous avons endurés. C'est assez de lui faire savoir que, pendant cette traversée, la vie à bord n'a été que tourments. Le mal de mer, le mal de notre terre et la perte de repères se sont acharnés sur de nombreux passagers populaires. D'ailleurs, quelques-uns de mes compagnons ne sont jamais arrivés à destination, certains ayant préféré quitter le navire sur une chaloupe pour retourner sur l'île, et d'autres ayant été engloutis dans l'océan.

Les vents debout prédominant sur les vents arrière, c'est seulement après plusieurs mois de galères que l'Académie fut enfin en vue. Du bateau, je distinguais sa devise « *Hic et ubique terrarum* », « Ici et partout sur la terre » ! Magnifique programme... Légèrement pompeux, toutefois.

Nous allions bientôt débarquer et enfin parcourir les interminables galeries de livres sacrés et profanes de la terre. À ce moment, je ne savais pas encore, comme Christophe Colomb, que ce n'est pas quand on découvre l'Amérique, mais quand on est sur le point de la découvrir, que l'on est heureux. En arrivant à l'Académie, nous, les îliens, avons fait une découverte surprenante : nous étions pauvres. Les services administratifs nous avaient convoqués pour nous signifier que, compte tenu du revenu de nos familles, nous allions bénéficier automatiquement de la bourse la plus élevée, celle des « familles pauvres ». « Pauvres » ? De mémoire d'îlien, jamais personne ne nous avait jamais parlé de pauvreté. Ce mot était associé à une forme de dévalorisation, de tristesse, alors que, pour nous, la vie ne portait pas au drame, mais à la joie. Pour nous, l'homme n'était malheureux que parce qu'il ne savait pas qu'il était heureux. Notre rapport au matériel, notre attachement à une vie simple mais riche, ne collait pas avec cette catégorie « pauvre » et ce qui y était associé, l'aide sociale notamment. Pour beaucoup de familles, notamment pour ne pas froisser les pères, qui, malgré leur travail, ne parvenaient pas à boucler les fins de mois, l'aide sociale était humiliante. La bourse fut discrètement transférée sur le compte de nos mères, sans que les pères n'en sachent rien.

Comme nous n'avions évidemment aucune idée de ce qu'était la vie à Académia, le choc culturel fut violent. Je ne sais quel fut le sort de mes camarades de la chaloupe, ni de ceux qui se sauvèrent sur le roc universitaire, mais je crois que la plupart périrent quelques semaines après leur arrivée. Certains, dont je fis partie, évitèrent l'hécatombe. Nous tombions souvent, mais sans jamais toucher le fond. Il faut dire que nous voulions absolument y arriver, apprendre la langue, les textes – ce qui, soit dit en passant, nous coûtait beaucoup, car nous n'avions pas une très bonne mémoire. J'employais donc mes loisirs à lire les meilleurs auteurs anciens et modernes, puis je nageais à l'aventure, poussé par les vents et les marées pour atteindre Géographia.

J'avais l'impression de déjà connaître cette verte contrée. Il me semblait que mes lectures d'écrivains voyageurs, de London à Verne, et, bien sûr, des classiques de la géographie, La Blache, Reclus ou Bernus, m'avaient déjà rendu familier avec cette discipline. Naïvement, à Académia, je pensais rencontrer leurs dignes successeurs. Las, je pris vite conscience que Géographia n'était peuplée que de petits technocrates aux regards déférents, et qu'on n'y parlait que d'« ingénierie territoriale » et de « modélisation ».

Le géographe Yves Lacoste avait tout faux, « la géographie ça ne sert pas d'abord à faire la guerre », mais des statistiques, des tableaux de bord, ou, pire, des cartes anamorphosées. Si, comme l'a écrit Pierre George, la géographie est la science qui analyse l'homme dans son milieu, alors ce qu'on enseignait là n'était pas de la géographie. Et puis, pour nous, les îliens, il y avait quelque chose d'insupportable : le jargonnage. Non seulement il masquait le vide de la pensée, mais surtout il suggérait un détestable complexe de supériorité. Très vite, je me retrouvai à organiser une première grève des étudiants pour dénoncer la vacuité de l'enseignement.

Les mandarins, aigris et solitaires, continuant à jargonner, d'obséquieux lieutenants prêts à tout pour prendre la place des vieux loups de mer, des lieutenants se chargeant de faire régner la pensée conforme… tout cela visait à nous pousser inéluctablement au fond de l'eau. Je sentais que ce voyage allait être difficile, mais je validai une à une les étapes diplômantes, jusqu'au jour où une tempête me contraignit d'interrompre ma collaboration avec les clercs de l'Académie. Comme beaucoup d'îliens, j'étais rattrapé par la réalité, sociale, matérielle… Bref, j'étais rattrapé par un besoin impérieux, qui ne concerne que les gens de ma condition : le besoin imminent d'argent. Il fallait travailler pour la famille. Il fallait se débrouiller, devenir indépendant, saisir toute opportunité, les solutions, bonnes ou mauvaises, comme nos pères, à l'arrache. L'objectif était d'assurer pour les autres d'abord, pour soi ensuite.

Comme tant d'explorateurs, je savais que le passage académique serait escarpé mais je n'avais pas imaginé à quel point. Marion Messina parlerait ici d'un « faux départ[3] », mais je ne crois pas que cela définisse notre réalité. Pour nous, il n'y avait pas de départ, pas d'arrivée. Et puis, surtout, il n'y avait rien à regretter. Il fut un temps où l'Académie avait été un noble vaisseau, mais elle n'était plus qu'un misérable ferry qui transportait par obligation l'engeance populaire en l'entassant sur l'entrepont, pour une croisière bas de gamme qui n'allait nulle part et ne pouvait virer qu'au fiasco.

Paradoxalement, ce retour des contraintes agit comme une libération. Je n'avais pas perdu de temps, en quelques années, j'étais passé de l'illusion d'un monde académique libérateur à la découverte d'un petit monde fait de soumission, de vacuité et d'hypocrisie, un monde où la pensée était absente. Je savais maintenant que le secret pour voyager d'une façon agréable consistait à savoir poliment écouter la logorrhée des clercs, leurs mensonges, et à faire semblant de les croire le plus possible.

J'étais donc prêt pour le salon et ses eaux tourmentées. Indépendant, je travaillais dans de nombreux secteurs, alternant grands et petits boulots, manuels ou intellectuels… Sans oublier un exercice quotidien, écrire sur la réalité, celle des classes populaires. Cette pratique est une hygiène de vie, un rappel permanent de l'importance de la vie ordinaire. C'est ainsi que je pris la résolution de cartographier mon sujet. Étant né et ayant toujours vécu dans les îles sociales de Métropolia, je croyais qu'elles résumaient la réalité de l'ensemble des classes populaires.

C'est en cartographiant ces catégories et en interrogeant le planisphère, que nul n'avait osé contredire jusqu'ici, que j'ai découvert que ces catégories ne vivaient pas majoritairement à Métropolia, mais à Périphéria, la planète où elles avaient maintenu leurs coutumes, un habitus et différentes langues. Je découvris alors un continuum socioculturel majoritaire d'une diversité et d'une richesse inouïes. Je publiai des tribunes et des livres qui furent repérés par la critique. À cette époque, l'intelligentsia, y compris universitaire, reconnaissait la pertinence du concept de France périphérique. Il faut dire qu'avec mon ami et géographe Christophe Noyé, l'un des meilleurs statisticiens des territoires de Métropolia, la méthodologie que nous avons élaborée pour dessiner les contours de cette nouvelle géographie sociale était inattaquable.

Conçue à partir de dynamiques récentes, elle dessinait les contours de la géographie économique, sociale, culturelle et électorale du XXIe siècle. Sans en être conscients, nous avions produit une grille de lecture qui écrasait les représentations d'hier, mais surtout invalidait la *doxa* territoriale, et prenait à revers le clergé. Si j'ai bénéficié d'une véritable bienveillance à la publication de mes tribunes et travaux, dès qu'une petite notoriété a commencé à se faire jour, tout a changé. Ceux qui me donnaient hier du « cher collègue », en louant la pertinence de mon analyse, commencèrent à expliquer que ce que je montrais n'existait pas. Les mêmes ! Au fond, derrière cette acrimonie et cette jalousie, je sentais un mépris de classe. Un mépris d'autant plus intense que ma géographie les désignait comme coresponsables de la situation des classes populaires. Au fond, derrière ces attaques *ad hominem*, il y avait leur instinct de classe, un instinct de tueurs.

Où je découvre le salon

Je ne vais pas faire ici le récit de mes rencontres. D'une part, parce que j'ai effacé de ma mémoire et de mon agenda les dates de ces échanges avec le petit monde d'en haut. D'autre part, parce que je n'ai jamais considéré ces entrevues comme un « Graal » ou quelque chose d'important. J'ai toujours eu l'impression d'aller rencontrer des comédiens en coulisse. Cependant, j'acceptais leurs invitations avec le sentiment qu'il fallait porter la parole des gens ordinaires, sans illusion, sans rien demander, ni accepter.

J'ai échangé avec des intellectuels, des écrivains exceptionnels, mais qui, humainement, n'avaient que peu d'intérêt, et des politiques au pouvoir qui ne semblaient pas en avoir beaucoup (de pouvoir). À ce propos, une chose m'a toujours étonné, c'est la présence d'un ou de plusieurs « conseillers », qui paraissaient surveiller leur patron et son langage, en lui préparant des notes toutes faites afin qu'il n'ait pas à penser.

Cela me paraissait si déplorablement absurde que j'en ai tiré un constat : le pouvoir n'est pas là. D'ailleurs, je me suis toujours dit que si un îlien peut avoir accès à cette élite-là, c'est qu'il est ailleurs. Et peut-être, comme le disait un ancien empereur, qu'il « n'a pas de nom, pas de visage, pas de parti, qu'il ne présentera jamais sa candidature et ne sera donc jamais élu et pourtant il gouverne ». À bien y réfléchir, il se pourrait bien que l'empereur François ait eu raison : si j'ai été invité par les trois derniers empereurs, je n'ai, en revanche, jamais été invité au « Forum du véritable Pouvoir », qui se tient tous les ans dans un pays d'Europe centrale, dans le canton des Grisons.

Si je songe à mon parcours au salon, il me semble bien que je n'y ai croisé que des hommes et des femmes presque perdus, sans véritables convictions, ni véritables pouvoirs. Ils parlent bien, mais n'ont en général aucun sens de l'humour, ni aucune légèreté. Cela sonne faux et n'a pas beaucoup d'intérêt. Sauf une fois, peut-être.

C'était la première fois que j'allais au palais, la première fois que je rencontrais un empereur. De mémoire, il terminait son mandat et souhaitait se représenter. J'attends depuis dix minutes dans la salle des pas perdus qu'une aide de camp, un huissier, un commis, bref, une petite main vienne me chercher. À peine la porte du bureau impérial était-elle ouverte, que j'eus l'impression de voir la marionnette des Guignols, avec une voix et des mimiques identiques à la caricature.

« Bonchour M'sieur Guilloui. Chuis désolé de vous avoir fait attendre mais bon, vous comprenez, chuis un peu occupé. Vous voulez vous installer dans le coin salon ? » Pour la première fois, pas de conseiller, il n'est pas accompagné. Pas de mise en scène, on est dans l'improvisation. D'ailleurs, sa diction est parfois hésitante. C'est la première fois que je rencontre une personnalité qui cherche ses mots, dont la diction n'est pas parfaite. Un bon point. Il a une spontanéité étonnante. Il saisit la carte de la France périphérique. « Est-ce que j'peux garder votre carte ? ». Le sujet l'intéresse. Évidemment, comme tous les politiques, il cherche à enrichir son argumentaire de campagne, je ne suis pas dupe. En revanche, quand il évoque ses visites d'usines, son plan de défiscalisation des heures supplémentaires, il semble sincère, surtout quand il cherche à décrire ce qu'il ressent face aux travailleurs « Je, je… » (onomatopée). Pas de mots, je n'entendrai jamais la fin de la phrase. L'entretien se terminera sur le travail à l'usine, sur les plateformes logistiques, l'évolution des conditions de travail des manutentionnaires. S'il était léger et drôle, cet échange matinal est gravé dans ma mémoire pour une autre raison, à cause de ce qui a suivi, la deuxième partie de ma journée.

Je dévale les escaliers du château, je suis en retard, je dois, moi aussi, rejoindre une plateforme logistique, celle où j'exerce mon deuxième job. De la manutention, un travail que j'ai effectué pendant dix ans. La journée de quatre à cinq heures, dans un entrepôt de la banlieue de Métropolia, et, parfois la nuit, dans un parc des expositions pour des montages, démontages de stands. Avec un autre îlien, nous étions employés par des Italiens de Prato, la ville du textile. Horaires : 22 heures-6 heures du matin, très bien payé. Pas de quoi pleurnicher, donc, et puis c'était le prix à payer pour la liberté d'écrire hors des cadres. En fait, j'avais fait le choix de l'indépendance, la vraie, sans filet et sans réseau, avec une famille à charge, et cela avait un prix, finalement pas si élevé. En réalité, fréquenter le salon et travailler en même temps avec mes bras avait quelque chose de rassurant, d'apaisant et de rationnel.

Je m'engouffre dans les transports en commun, et, en moins d'une heure, j'arrive à destination. Le temps de tomber la veste, je pénètre dans le gigantesque dépôt. Là, surprise, mes collègues me font une haie d'honneur. Ils hurlent, sifflent, me chambrent, m'applaudissent. Un des types de l'équipe à qui j'avais confié la veille ma virée au palais, et à qui j'avais demandé d'être une tombe, avait parlé.

Toutes les équipes étaient présentes, ouvriers, caristes, il ne manquait personne. Pour le clergé, une précision : sont évidemment présents des salariés de toutes origines ethniques ou religieuses. Tous me disent leur fierté : ils sont manifestement émus et impressionnés. Pour eux, contrairement à ce qu'en disaient la presse et l'Académie, ce petit empereur n'était pas le diable, mais celui qui leur avait permis de gagner un peu plus grâce à la défiscalisation de leurs nombreuses heures supplémentaires. Ils me félicitent et en en même temps me disent leur incompréhension. Ils ne comprennent pas que je sois là, que je ne sois pas « passé à la caisse », que je sois contraint de faire leur boulot. Cette journée ne serait pas complète si, après cette réaction de travailleurs tous issus de milieux populaires, je n'évoquais pas celle des clercs et de mes « amis » de l'Académie.

Quelques jours plus tard, mon entrevue a fuité dans la presse. J'ai eu droit à des SMS de connaissances, pour l'essentiel des militants de la gauche métropolitaine. « Comment as-tu pu accepter de rencontrer ce fasciste ? » Je connaissais la capacité de ces milieux de surjouer l'antifascisme « au moment où le fascisme n'existait plus », comme le disait Pasolini, mais, là, je sentais qu'on avait basculé dans une jalousie extrême.

Décidément, plus j'avançais et plus il me semblait que la vie au salon échappait à toutes les règles de décence et de morale. Mais le voyage au « Levant » se poursuivait, et, contre vents et marées, ma représentation du monde populaire commençait à s'installer, mes livres étaient désormais traduits dans le monde entier. Je m'attendais à une nouvelle salve.

Au salon, l'attitude des clercs avait changé. J'observais désormais les rictus sardoniques de ces hommes et ces femmes à perruques qui faisaient la moue. De nouvelles idées qui n'émanaient pas de la production académique, c'était déjà un crime de lèse-majesté, mais s'il fallait en outre y ajouter la notoriété, ce n'était plus possible. Il fallait m'éliminer. C'est à ce moment que commencèrent les critiques *ad hominem*. Des seconds couteaux se chargeaient de la basse besogne. Il s'agissait d'obscurs académiciens, dont personne n'avait jamais entendu parler, et surtout qui n'avaient jamais rien produit, aucune idée, aucun concept, mais qui trouvaient là une occasion inespérée d'attirer sur eux pendant quelques secondes la lumière des médias.

Naïvement, je pensais que, lorsque cette grêle de flèches serait passée, je pourrais à nouveau m'exprimer. Sûr de mon diagnostic, je me croyais d'une force égale aux plus puissantes armées académiques qu'on pourrait mettre sur pied. Je savais qu'ils n'avaient aucun argument à m'opposer, rien ne tenait la route ! Mais la fortune me réservait un autre sort. Ce que j'écrivais était raisonnable, mais j'avais oublié un détail : la raison avait depuis longtemps quitté le monde d'en haut. Un grain se préparait. Il annonçait une proche tempête.

La mafia entre en scène

« Fais gaffe, ils vont te faire fermer ta gueule. » Au bout du fil, une connaissance, un chercheur universitaire spécialiste du « territoire ». Très politique, il a toujours été du côté du pouvoir. Social et libéral, il passe partout. Cet intello a son rond de serviette dans tous les médias ; et puis, surtout, des jetons de présence très rémunérateurs dans une dizaine de *think tanks*, ces « machines à bien penser », financées quasi exclusivement par des entreprises du CAC 40, et qui, sous couvert de « recherche scientifique », cautionnent toutes les politiques néolibérales depuis un demi-siècle.

Il m'appelle en « ami », me conseille de me méfier : « ça peut être dangereux pour ta carrière », il faut que je fasse moins de médias, que je ne me mette pas trop en avant, « cela agace beaucoup de monde ». Perplexe, je le remercie, sans vraiment prendre au sérieux ses avertissements.

Quelques semaines plus tard, les attaques fusent, journaux, blogs, tribunes… Toujours le même profil, pas des « épées », mais des médiocres qui entendent bien me « faire taire ». Ils iront même jusqu'à créer ma page dans la célèbre encyclopédie en ligne collaborative. Pour information, ce sont eux qui continuent « à l'animer », sur un mode bien évidemment très « équilibré ». Sans le vouloir, ces « amis » ont ainsi provoqué un effet Streisand, en m'offrant « une nouvelle résonance », qui a ramené tous ceux qui se sentaient pris dans l'étau du même mépris.

Bien entendu, l'objectif de cette cabale n'était pas d'argumenter sur le fond, mais d'éliminer la concurrence sur le marché des études publiques. Évidemment, comme dans la mafia, j'apprendrai bien plus tard que l'initiateur de cette cabale était ce grand « ami » qui m'avait gentiment appelé pour me dispenser ses précieux conseils. Je n'avais pas compris à quel point il était hardi d'écrire ce qu'on pense. Depuis, on me conseille d'être plus prudent dans mes propos, de « calculer » un peu plus, bref, d'imiter la conduite de ces clercs qui se comportent comme des « porcs », ceux d'Orwell et de sa ferme des animaux.

Où l'on me propose de m'asseoir à la table que les gens ordinaires voulaient renverser

En 2018, année de la grande révolte de Périphéria, le clergé médiatique et académique ne pouvait plus contourner la France périphérique. Je reçois alors une pluie d'invitations dans tous les médias, que je décline à 99 %. Comme ils cherchaient une caution « classes populaires », j'eus aussi le droit à toutes sortes de propositions : conseiller le pouvoir, travailler dans des télévisions plébiscitées par l'intelligentsia. Je refusai, évidemment. C'était intellectuellement impossible. Et puis, il y avait quelque chose d'indécent à « passer à la caisse », à m'asseoir à la table que les gens ordinaires étaient en train de renverser.

L'idée de m'être investi dans cette bataille culturelle pour la défense des gens ordinaires, d'avoir écrit tant d'articles et de livres, pour finalement prendre un billet, améliorer matériellement l'ordinaire, au moment même où les classes populaires initiaient un mouvement de contestation, unique dans l'histoire, contre un système qui nie leur existence, était inconcevable. En regard, la notoriété, le matériel, les points de retraite… tout cela me paraissait absolument dérisoire. D'autant plus dérisoire que j'ai toujours considéré que le message doit partir du bas, que, face à un système médiatique et culturel aussi puissant, il faut être stratège et rester lucide. La stratégie des coups de boutoir par le bas, à un moment où le système tremble, est la plus efficace.

L'indépendance vis-à-vis des pouvoirs politiques, économiques, académiques et médiatiques me paraissait (et me paraît toujours) être la condition d'une réflexion saine sur les milieux populaires. Pour pouvoir continuer à « produire », il faut être en dehors de l'institution, des groupes, des partis, des réseaux de pouvoir. On peut alors espérer être connecté avec la réalité ordinaire, sans avoir à utiliser les classes populaires comme marchepied. C'est évidemment une question de morale ; des considérations morales de ce genre ne semblent pas avoir perturbé le clergé médiatique et académique, qui, après avoir vomi ce mouvement, est passé à la caisse. Rappelez-vous.

Le mouvement était incontrôlable, puissant, digne, mais indépendant, donc dangereux. Il fallait donc le réduire à quelque chose de médiocre, et surtout de nauséabond. On a donc d'abord sorti la grosse artillerie. Rien ne sera épargné aux manifestants : homophobes, petits Blancs racistes, antisémites et complotistes. Des géographes d'État ont même sérieusement expliqué que ce mouvement était celui de « la France du vide » ! Des sondeurs ont aussi expliqué « scientifiquement » que tous ces gens étaient complotistes. À ce propos, le pouvoir ira même jusqu'à organiser avec le Crif un rassemblement contre l'antisémitisme du mouvement ; cette instrumentalisation a particulièrement choqué la majorité ordinaire juive.

Et puis, comme le salon avait décidé que les gens parlaient mal dans les médias, on les remplaça par une armée d'universitaires et d'experts qui étaient chargés de s'exprimer à leur place. J'ai toujours été sidéré par l'attirance du monde académique et intellectuel pour le veau d'or médiatique. Leur déplacement sur un plateau est toujours simple, comme un coup de fil. Comme les quidams qui participent aux émissions de téléréalité, ils sont à la recherche de la lumière, de l'argent, et évidemment des retombées en fiduciaire. Après quelques années ou décennies de fréquentation des planches, ces intellectuels sont comme les vieux comédiens qui ne peuvent pas décrocher, ils continuent à se répandre pour ne pas mourir.

Pendant cette période, le plus sidérant aura été de voir défiler des centaines de chercheurs et universitaires, qui m'expliquaient la veille que la « France périphérique » n'existait pas, et de les entendre disserter sur la réalité sociale de ces territoires. Ils se sentiront si légitimes que, quelques mois, et, pour certains, quelques semaines après le mouvement, ils publieront de magnifiques ouvrages ornés d'enluminures exécutées à la main par des artisans de Périphéria.

Les conditions pour rester au salon

Si vous bénéficiez d'une petite médiatisation, le salon cherche toujours à vous accueillir. Mais attention, si vous souhaitez l'intégrer durablement, il y a quelques conditions à remplir. On vous accueille au salon pour ce que vous êtes, mais, pour y rester, vous devez montrer votre docilité, si possible en dénigrant votre milieu d'origine. En acceptant ses règles, celui qu'on appelle le « transfuge de classe » accède durablement au confort et à une sécurité matérielle inédite, mais, attention, il est entendu que ces avantages sont toujours conditionnés à une parfaite obéissance. Cet apprentissage de la soumission est l'antichambre du salon, une sorte de purgatoire, un lieu où les âmes damnées populaires doivent expier, se purifier de leurs péchés avant d'accéder au paradis économique, politique, médiatique et culturel.

Une fois qu'il a bien intégré l'Olympe, le transclasse pourra feindre le mal-être et jouer éternellement de la posture victimaire que le salon aime tant, celle de l'individu déchiré entre deux milieux. Cette posture a un double avantage, elle permet de ne jamais assumer son nouveau statut de classe, et surtout d'écarter l'image infamante du « parvenu ». C'est ainsi que le « transfuge de classe » est devenu un bizness. Voilà un rôle que je ne pouvais pas jouer. Je pensais qu'il y avait quelque chose de particulièrement infâme à invoquer ses origines, à jouer de la victimisation sociale pour asseoir un discours ou une carrière. Ce statut de victime est un rayon paralysant particulièrement vicieux, qui vise à écraser votre interlocuteur avant même qu'il ouvre la bouche. Cette posture ressemble à une forme d'argument d'autorité inversé. J'avais trop souvent été confronté à la condescendance de la bourgeoisie intellectuelle et à sa technique de surplomb pour l'utiliser à mon tour. Culpabiliser un individu parce qu'il serait issu d'un milieu plus favorisé me paraissait bien médiocre. Et puis se réduire à une origine plutôt qu'à ce qu'on est ressemblait à une forme de hara-kiri. Cela scellait un acte de soumission. Et ce qui est signé est signé. À vie.

Il y a matière à s'étonner grandement que tant d'individus soient prêts à jouer ce jeu. Mais, à bien y réfléchir, il me semble que le problème vient d'eux. Ils ont probablement une idée trop diminuée de ce qu'ils sont, de ce que nous sommes. Le problème n'est donc pas le petit monde d'en haut, mais bien l'obsession de tant d'individus, notamment issus des classes populaires, d'être rassurés sur le fait que nous sommes bien sur leur tableau. Sans comprendre que le vautour se nourrira à jamais de leur cœur.

Aujourd'hui encore, des émissaires – intellectuels, politiques, conseillers – me contactent parfois pour obtenir ma rédemption. Un jour, c'est le journaliste d'un grand journal qui vint me voir, « en ami » lui aussi, pour me proposer une tribune, pour expliquer que je me désolidarisais des milieux populaires « qui votaient mal » et que j'adoubais ceux qui « votaient bien ». En clair, je devais organiser moi-même mon procès de Moscou, aller à Canossa, si possible à genoux, et accessoirement enfermer ceux que je défends depuis tant d'années dans un ghetto idéologique qui n'est pas le leur. Pour moi, il était clair qu'accéder au salon, se satisfaire des nourritures simples du râtelier académique, politique, médiatique, c'était se perdre, et surtout intégrer un Lilliput. Oublier la simplicité de la vie, épouser la brume du « C'est plus compliqué que ça ». Pardon, ce n'est pas pour moi.

Maintenant, je suis en grève ! Je croyais à la liberté de façonner sa vie en accédant à un monde égotique et vide. En fait, je m'étais laissé emporter par un supposé destin qui passait par le renoncement à la radicalité de la vie ordinaire, par stratégie. Le tournant de mon récit est certainement le moment où je comprends que ce ciel étoilé que je souhaitais atteindre était moins affamé de pensée que de pouvoir, de reconnaissance et d'argent. Ce beau monde n'était pas civilisé. Longtemps enfermé par mes « pères » dans une sorte de prison-prophétie et dans l'illusion d'un monde intellectuel libérateur, je venais de reprendre ma liberté. Il était temps. Au salon, j'ai eu l'impression de voir un échafaud qui s'élevait de terre, qu'on allait me couper la tête. La vie normale qui était en moi s'enfuyait. Un jour, j'ai pris conscience que le crachin du mois de novembre s'installait insidieusement en mon âme. J'ai alors compris qu'il était grand temps que je quitte le salon.

Où j'annonce que je ne suis pas un écrivain de la working-class

J'ai refusé le salon, d'être le « porte-voix » que l'on voulait me faire jouer d'en haut. Je ne suis pas non plus un « auteur de la *working-class* », expression qui ne veut rien dire. Est-ce qu'on parle « d'auteur de la bourgeoisie » ? Cette étiquette est une distance avec ce que j'écris. Ce n'est pas moi. « Je n'ai pas choisi mon sujet, c'est lui qui m'a choisi », m'a dit un jour John King, écrivain britannique de romans formidables sur la *working-class*. Je pense qu'il a raison. Je n'ai pas choisi mon sujet, il est en moi. Mes livres, c'est moi. Ce que j'écris dans mes livres, c'est ce que je pense. La plupart de mes idées, de mes concepts sont nés de la fréquentation des gens dont je parle, ce ne sont pas des « sujets d'études ou de recherche », ni des personnages inventés.

Issu de la *working-class*, John King n'a jamais voulu s'en extraire, il a toujours voulu continuer à vivre en elle. C'est un écrivain qui fait toujours partie de ce monde. Preuve qu'il a réussi, son refus de l'*establishment* littéraire et sa défense des gens ordinaires lui ont évidemment valu de se faire taxer d'écrivain « populiste ». Ces attaques ont redoublé quand il a cherché à engager un collectif d'artistes en faveur du Brexit. Mais il n'a pas baissé les yeux, et son intérêt pour les siens n'a jamais faibli. Cela ne l'empêche pas d'expliquer que la culture populaire restera toujours un mystère pour lui. Il considère qu'il n'y a « rien de plus complexe à décrire. Comme la vie, c'est impossible ». Comme lui, je pense qu'il ne faut pas chercher à distinguer la culture populaire – dont nous tirons la force pour écrire – de ce qu'on est. Et, qu'aujourd'hui, il faut éviter de recourir à la mythologie paysanne ou ouvrière, mais se référer aux forces contemporaines qui animent et agitent la société populaire du XXIe siècle.

Nous ne pouvons pas être des porte-parole, ni des interprètes objectifs, puisque, comme d'autres, nous vivons et subissons la réalité ordinaire, nous ne pouvons donc pas la surplomber. Celui qui m'a fait l'honneur de lire ce que j'écris comprend aisément que la ligne est invariable. Je ne suis pas un romancier, un analyste, je me fiche du surplomb académique, je me moque des gens qui savent tout. D'ailleurs, si j'avais respecté toutes les règles académiques et médiatiques, on m'aurait dit : « Ah, quelle belle reproduction de la réalité ! Quelle objectivité parfaite ! Quel réalisme social ! Vous vous inscrivez dans la grande tradition académique de machin, le naturalisme de bidule ! Ah, quel beau portrait des classes populaires ! Vous êtes formidable ! Vous avez brossé le tableau de la vie populaire le plus fin et le plus complexe possible. Bravo ! »

Être compatible avec un monde qui passe son temps à nier la réalité ordinaire ? Cette manière de voir, je ne m'y reconnais pas. Je sais que la distance idéologique ou académique dévitalise tout.

J'ai heureusement évité tout cela. J'ai toujours préféré les auteurs et les créateurs qui sont aussi leur œuvre. Surplomber ou enseigner la vie ordinaire sans la vivre est ce qu'il y a de plus abominable. Je veux, comme John King, continuer à la vivre. Je ne suis pas un auteur de la *working-class*, de la société ordinaire. J'en viens, j'y vis, j'y mourrai.

S'il fallait une morale à la fable

Une nuit calme et indolente, je réfléchissais à ma périlleuse traversée. J'étais sain et sauf, mais je me souvenais d'un détail, d'une petite chose. Depuis mon départ, comme dans une chanson, une voix intérieure me chuchotait : « Psst, fais attention, ils ne sont pas comme nous, leurs âmes sont mortes. » Je n'ai jamais voulu écouter ce chant qui semblait venir des profondeurs, comme un hymne funèbre. Et pourtant, mon voyage m'a malheureusement confirmé la justesse de cette voix. Je n'ai effectivement croisé que des êtres sans âme, qui riaient du naufrage de notre monde. Mais ce périple dans un salon lugubre m'a aussi libéré. J'ai été soulevé au-dessus de l'eau.

Les paysages étaient sans intérêt, les habitants n'avaient rien d'extraordinaire, mais, comme dans les fables, il y avait une morale. Ce que je croyais grand était microscopique, ce que je négligeais était colossal. Le ciel étoilé que je m'étais construit, celui d'un monde intellectuel, riche, ouvert, transcendant, n'existait pas. Ce monde, qui n'avait aucun souci de cohérence, encore moins de décence, n'avait que peu d'intérêt. J'avais navigué toutes ces années, guidé par des étoiles mortes. J'étais un peu dégoûté de la mer, et cette aventure avait réactivé mes attaches émotionnelles à l'île-monastère. Mais je ne souhaitais pas y retourner.

Comme tous les îliens qui sont partis créer, inventer, vivre, je ne pouvais pas revenir au port d'embarquement. Je n'en avais pas besoin. Et puis c'était impossible, l'île avait disparu. Elle avait été engloutie depuis longtemps dans les eaux troubles de Métropolia. Mais cela n'avait aucune importance, puisqu'elle était maintenant en nous. Nous pouvions vivre des aventures extraordinaires, armés de notre morale sans avoir besoin de passer par la petite cour des poltrons. En quittant cet endroit suffocant, et, finalement, beaucoup plus malsain que bien des bas-fonds, j'avais la conviction, comme tous les îliens, que notre vie simple et autonome valait beaucoup plus que la liturgie des fous. Il était temps d'ouvrir la porte des écluses à la Voie lactée, et de filer vers la lumière ordinaire.

Troisième partie

Michkyne

Une pièce en trois actes

Les personnages

L'EMPEREUR, *jeune freluquet.*

LA GAUCHE, *qui ponctue toutes ses phrases par « C'est fasciste ».*

LA DROITE, *qui ponctue toutes ses phrases par « C'était mieux avant ».*

LE PEUPLE, *l'air benêt, ne peut jamais terminer ses phrases.*

LA RÉALITÉ, *une grande et très belle femme.*

LA PROCESSION DE CINGLÉS, *conseillers, consultants de chaînes infos, sondeurs, banquiers, académiciens.*

LE METTEUR EN SCÈNE, *beau, expression figée, Dorian Gray.*

LE HAUT CLERGÉ

MICHKYNE, *chevelure brune, les joues creuses et une petite barbiche légère, tout en pointe, presque totalement blanche. Grands yeux noirs et attentifs.*

L'EXPLORATEUR, *archéologue et aventurier.*

LE MINISTRE DE L'ARMÉE IMPÉRIALE, *très corpulent, soixante-quinze ans.*

KURTZ, *crâne rasé.*

LE MOINE-AVOCAT LAS CASAS, *tonsure.*

LE PRÊTRE-PRÉSIDENT

LE MARQUIS DE MÉGAMICRO, *poseur, prétentieux, suffisant.*

ACTE I

Scène 1

L'empereur fait les cent pas sur la scène. Il semble réfléchir. Derrière, un aréopage (la procession de cinglés) le suit pas à pas sans rien dire. La farce ne semble jamais vouloir finir, quand l'empereur s'immobilise enfin. Avec son regard stupide, il scrute ses conseillers.

L'EMPEREUR

Messieurs, j'ai une idée.

LES CONSEILLERS, *en chœur.*

Formidable ! Disruptif ! Non mais, quelle audace ! Quelle intelligence !

L'EMPEREUR

Il suffit, bande de crétins. Écoutez-moi d'abord.
(Les conseillers font silence.)
Nous allons organiser une élection universelle. Faire croire aux gens qu'ils décident, cela calme toujours les révoltes.

LES CONSEILLERS, *en chœur.*

Absolument !

L'EMPEREUR

Pour cela, il faut désigner un bon candidat. Convoquez-moi la Gauche et la Droite.

LES CONSEILLERS, *en chœur.*

Quelle idée géniale !

Scène 2 [4]

Dans un salon du palais, la Gauche et la Droite attendent l'arrivée de l'empereur.

LA GAUCHE, *assise sur le canapé.*

Bonjour, chère amie, comment vas-tu ?

LA DROITE, *entrant dans la pièce et s'asseyant très lentement sur le canapé, à droite de la Gauche.*

J'ai connu des jours meilleurs, mes problèmes de santé s'accumulent, c'est de pire en pire.

LA GAUCHE

Oui, je vois bien de quoi tu parles. Moi, je n'arrête pas de maigrir, les médecins sont assez pessimistes. J'ai même l'impression de disparaître.

LA DROITE, *inquiète.*

Sais-tu pourquoi il nous a convoquées aujourd'hui, ça avait l'air urgent ?

LA GAUCHE

Non, mais son conseiller m'a dit qu'il était exécrable en ce moment.

Scène 3

La porte s'ouvre et claque. L'empereur entre en scène.

L'EMPEREUR, *se dirigeant rapidement vers son bureau et fulminant.*

Mesdames, l'heure est grave. M. Sachskinsey, mon conseiller, est catégorique : nous risquons d'être emportés par la prochaine vague de contestations et, personnellement, je risque d'y laisser ma peau.

LA GAUCHE

Maître, je ne vois qu'une seule solution pour calmer l'opinion : redistribuer.

L'EMPEREUR

Impossible, mon contrôleur des Finances est formel : il n'y a plus un sou, plus un centime dans les caisses.

LA DROITE

Et si vous proposiez des réformes de fond, en les accompagnant d'un discours ferme sur la sécurité, cela plaît toujours ça, non ?

L'EMPEREUR, *agacé.*

Ma pauvre amie, vous n'avez toujours pas compris qu'ici les gens se fichent complètement de votre libéralisme autoritaire ?

(La Gauche et la Droite protestent, grognent, enragent. Soudain, on tambourine à la porte. L'empereur, se lève, intrigué.)

Silence, Mesdames !

(Se tournant vers ses deux visiteuses.)

Catastrophe ! Le Peuple est à la porte !

(Toujours collé à la porte, il s'exclame.)

C'est encore pire que ce que je pouvais imaginer. Il n'est pas seul : il est venu avec sa femme, la Réalité !

LA GAUCHE, *prise de panique.*

Ne leur ouvrez surtout pas, Maître, s'ils entrent, nous sommes perdus !

Les tambourinements se font de plus en plus fréquents, de plus en plus violents.

LA DROITE

Mais faites tirer le canon, nom de Dieu !

L'EMPEREUR, *autoritaire.*

Calmez-vous, bon sang ! Nous devons définir une stratégie. Vite !

LA GAUCHE ET LA DROITE, *en chœur.*

Nous sommes tout ouïe.

L'EMPEREUR, *exaspéré.*

Et cessez donc de parler en chœur, je vous signale que vous êtes payées pour vous OPPOSER, pas pour bégayer à l'unisson les mêmes âneries !

LA GAUCHE ET LA DROITE, *toujours en chœur.*

Même si nous sommes d'accord sur tout ?

L'EMPEREUR, *à deux doigts d'exploser.*

Surtout si vous êtes d'accord sur tout ! Vous êtes là pour jouer, pour vous disputer pour de faux, pour faire du théâtre !

LA GAUCHE, *préférant éviter la gaffe.*

Bon, très bien, Maître, alors que dois-je faire ?

L'EMPEREUR

Ce que vous avez toujours fait, la Gauche : empêcher la Réalité d'entrer en la fascisant en permanence, encore et toujours. C'est ça qui m'a protégé depuis des décennies et qui continue de garantir ma survie.

LA GAUCHE, *avec un air de première de la classe.*

C'est vrai, ça, je sais faire, j'y prends même un certain plaisir…

L'EMPEREUR, *se tournant vers la Droite.*

Quant à vous, la Droite, vous vous occupez du Peuple. Mettez en avant sa dangerosité, sa violence, sa décivilisation, et surtout, n'oubliez pas d'appeler régulièrement à la répression.

LA DROITE, *obséquieuse.*

Avec grand plaisir, Maître !

Le silence est revenu. L'empereur scrute à nouveau derrière l'œilleton.

L'EMPEREUR

Miracle ! Ils sont partis.

LA GAUCHE, *soulagée.*

Eh bien, cette fois-ci, on a vraiment senti le vent du boulet…

L'EMPEREUR

Oui, c'est pourquoi nous devons absolument les calmer en mettant en scène un nouveau changement à la tête du pays.

LA DROITE

D'accord, mais qui pour succéder au chantre de la disruption que nous avons installé il y a six ans ?

L'EMPEREUR

Soyons lucides : le Président-Dindon n'est plus écouté, il est la risée du monde entier, mais surtout, il est hué dans toute la France. Non mais, vous l'avez entendu, depuis Nouméa, glouglouter « L'ordre, l'ordre, l'ordre ! » ? Ce gallinacé si fier de son plumage est de plus en plus ridicule et inutile.

LA GAUCHE

Il me semble que plusieurs de mes disciples pourraient aisément faire l'affaire…

L'EMPEREUR

Non, il faut jouer l'alternance. Si je ne m'abuse, notre dernier dindon venait bien de chez vous, du Parti socialiste, non ?

(Se tournant vers la Droite.)

Et vous ? Vous auriez quelqu'un à proposer ?

LA DROITE, *concentrée.*

Ah oui, je pense bien, et vous allez adorer. En ce moment, nous avons en stock un magnifique spécimen, garanti AOC. De grande taille, fier, poseur, c'est un dindon de première qualité, de classe A. D'ailleurs, il a déjà fait ses preuves, il y a quelque temps, il avait même été nommé Premier ministre par notre Président-Dindon actuel.

L'EMPEREUR, *apaisé.*

C'est parfait, la Droite, affaire conclue, mettez-le-moi de côté !

Mesdames, maintenant que nous avons déniché le bon dindon, il nous faut préparer la farce.

LA DROITE, *hilare.*

Et oui, comme dirait l'autre, « pas de farce, pas d'élection » !

L'EMPEREUR, *effondré.*

Ce n'est pas vrai, mais qui m'a élu des guignols pareils !

(Haussant le ton.)

Mesdames, nous parlons de MA prochaine…

(Se reprenant.)

De LA prochaine élection présidentielle, ressaisissez-vous, nom d'un chien !

LA DROITE, *mielleuse.*

Veuillez excuser ma mauvaise plaisanterie, Maître.

L'EMPEREUR

Je reprends ! Vous êtes là ce matin pour me trouver les ingrédients de la farce qui plairont au Peuple. Et écoutez-moi bien, vous deux, je ne veux ni note de synthèse, ni rapport de commission, ni éléments de langage creux, j'exige des remontées directes, sans filtre.

LA DROITE, *sidérée.*

Directes ? Vous m'effrayez, Maître, à quoi pensez-vous exactement ? À une rencontre ? À un *date* avec le Peuple, sérieusement ?

L'EMPEREUR, *ferme.*

C'est exactement ça.

LA GAUCHE, *explosant.*

Il est hors de question que je rencontre ce beauf !

L'EMPEREUR, *définitif.*

Je ne vous demande pas votre avis, la Gauche. Rendez-vous est pris avec lui demain.

Scène 4

L'arrière-salle d'un bistrot. Seule à une table du fond, la Droite patiente. Une silhouette inquiétante s'avance, elle porte une capuche et une longue robe sombre et ample.

LA DROITE, *sursautant.*

Ah, mais c'est toi ? Qu'est-ce que c'est que cet accoutrement ?

LA GAUCHE, *satisfaite.*

C'est une Abaya-Nike ! Pas mal, non ? Il paraît que les filles du Peuple de banlieue s'habillent comme ça aujourd'hui !

LA DROITE, *paniquée.*

Retire-moi ça tout de suite, avant qu'il arrive, vite !

(La Gauche s'exécute. Sous la robe, on distingue un tee-shirt floqué de l'inscription BFC.)
BFC ?

LA GAUCHE, *pas peu fière.*

Le *Beauf Football Club* ! Pour séduire le Peuple de la France périphérique ! D'après mes conseillers en com', il adore le foot !

LA DROITE, *dubitative.*

Enlève-moi ça, il ne va pas apprécier du tout, son truc aujourd'hui, ce n'est plus le foot, mais la country.

LA GAUCHE

Ah, le con ! Imagine, on le voit débarquer avec un Stetson…
(La Droite est prise d'un fou rire.)
Reprends-toi, il arrive !

La Droite resserre sa cravate.

Scène 5

Le Peuple fait son entrée, gauche, il marche très lentement.

LA DROITE, *obséquieuse.*

Bonjour, bonjour, cher ami, entrez, prenez place !

Elle lui désigne une chaise.

LA GAUCHE

Ça s'passe ou bien ?

La Droite la fusille du regard et lui chuchote d'arrêter son jeunisme débile.

LE PEUPLE, *restant debout.*

Euh... Vous m'avez fait venir pour... ?

LA DROITE

Nous voulions simplement reprendre contact, savoir comment vous alliez, si vous aviez des besoins, des réclamations...

LE PEUPLE

Ben...

La Gauche, *l'interrompant.*

Avez-vous fait bon voyage, au moins ? Si je ne me trompe, vous vivez à la campagne maintenant ? Aaah, la nature ! Vous êtes mieux là-bas, nan ? Les panneaux solaires, le compost, les éoliennes, vous devez faire de sacrées économies d'éner…

Le Peuple, *l'interrompant.*

C'est-à-dire que, comment dire… Euh…

La Droite

Oui, oui, enfin bon, vous n'avez peut-être pas accès à tout, mais vous consommez beaucoup ; j'ai lu que, chez vous, la densité d'hypermarchés est une des plus élevées au monde !

La Gauche

Oui, il paraît même que vous achetez de la *marque* !

Le Peuple, *regardant ses pieds.*

… Euh…

La Droite

« Euh… Euh… » ? J'entends bien, mais qu'est-ce que vous VOULEZ dire, vraiment ?

LE PEUPLE

Je ne sais pas dire.

LA GAUCHE ET LA DROITE, *en chœur.*

Il ne sait pas dire ! Vous voulez un peu plus d'aides, et surtout ne pas travailler, c'est ça ? Merci d'être passé.

Le Peuple sort de scène.

LA DROITE

Mais on n'a jamais vu un tel guignol !

LA GAUCHE

Quel pignouf !

LA DROITE, *inquiète.*

Qu'est-ce qu'on va bien pouvoir dire au Pouvoir ?

La Gauche et la Droite, assises face au Pouvoir.

L'EMPEREUR

Alors, ça s'est passé comment ? Vous les avez, les ingrédients de la farce ?

LA GAUCHE, *baissant les yeux.*

C'est-à-dire que… Il s'est confié sur ses fins de mois difficiles, donc évoquer la question des revenus ne vous ferait pas de mal, mais à l'entendre, ce n'est pas ce qui le préoccupe le plus.

L'EMPEREUR, *agacé.*

Ah bon ? Mais qu'est qu'il veut, à la fin ?

LA GAUCHE

Retrouver sa souveraineté. Et même retrouver une forme d'influence politique…

L'EMPEREUR

Et puis quoi encore ! Non mais, quel culot !

LA DROITE

En fait, il est absolument impossible d'échanger avec ce prolo vaniteux. Figurez-vous qu'il nous a claqué la porte au nez !

LA GAUCHE

Oui je confirme, ce type est vraiment imbuvable, un vrai goujat.

La Droite

Et tyrannique, avec ça !

L'EMPEREUR

Je vois, je vois... Écoutez, à bien y réfléchir, nous allons reprendre les ingrédients traditionnels : pouvoir d'achat, sécurité... Mais il est hors de question que je lui concède la moindre influence. Pour le remettre à sa place, nous allons le présenter comme un DÉ-CI-VI-LI-SÉ, cela légitimera sa mise à l'écart, et surtout cela renforcera MA position.

La Droite

Formidable ! Redoutable ! Imparable !

La Gauche et la Droite sortent du bureau.

La Gauche, *se penchant vers sa complice droitière.*

Faire porter au Peuple le modèle de décivilisation dont il est le SEUL promoteur depuis quarante ans, c'est quand même très très fort !

Scène 6

Dans un petit village landais, le Peuple et la Réalité discutent avec un Philosophe. Bonnet vissé sur le crâne, petites lunettes cerclées, sourire malicieux, JC est un réfugié de l'enfer métropolien. Après plusieurs décennies passées à Montpellier, il vit depuis quelques années dans ce lieu-dit, appelé La Ferme des animaux.

LE PEUPLE

Merci de nous recevoir, JC !
(Narquois.)
D'ailleurs, ça ne vous effraie pas d'accueillir chez vous des « décivilisés » ?

JC, *hilare.*

Ah ah, j'ai entendu cette nouvelle saillie du Pouvoir. Eh bien, ici, vous pourrez constater que les gens sont parfaitement civilisés, que l'entraide, la solidarité existent, bref, que la civilisation n'est pas un vain mot.

LA RÉALITÉ

Si vous en êtes d'accord, nous allons rester chez vous le temps que le monde parallèle, celui d'en haut, ait fini de se désagréger.

JC

Bien sûr, vous êtes les bienvenus, *mi casa es tu casa*, le temps qu'il faudra.

Scène 7

Dans son bureau, l'empereur reçoit le chef de la maréchaussée.

L'EMPEREUR, *inquiet, tendu, fébrile.*

Alors ?

LE CHEF DE LA MARÉCHAUSSÉE, *hagard.*

J'ai une mauvaise nouvelle. Le Peuple et la Réalité ont pris le maquis. Ils se sont installés dans la forêt landaise, chez un Philosophe qui critique radicalement le capitalisme et, pire, qui n'arrête pas de se moquer de vous. Je crains que le lancement d'un « nouveau » candidat à la prochaine élection ne change rien à leur détermination d'en finir avec vous.

L'EMPEREUR, *explosant.*

Mais trouvez une solution, nom d'un chien ! Je suis certain qu'ils complotent pour me renverser !

On pourrait engager des arrestations préventives, non ? Voter l'état d'urgence ? Les confiner ?

LE CHEF DE LA MARÉCHAUSSÉE

Malheureusement, nous n'avons plus aucune prise sur eux ; ils se sont autonomisés. Plus fâcheux encore : ils considèrent qu'ils représentent le mouvement réel d'une société, qui durera malgré nous.

L'EMPEREUR, *excédé.*

J'en ai assez entendu, sortez... Nous allons leur concocter une jolie réalité, on va les sortir du jeu.

Scène 8

L'EMPEREUR, *se tournant vers ses conseillers.*

Il faut aller de l'avant, produire un nouveau spectacle, quelque chose qui les envoûte !

UN CONSEILLER

J'ai une idée. Un grand débat avec le Peuple, qui le convaincra qu'on écoute.

L'EMPEREUR, *satisfait.*

Parfait, je vais les hypnotiser !

UN CONSEILLER

L'idée, c'est de segmenter tous les sujets, complexifier le Peuple afin qu'il disparaisse dans une brume de mots. Vous allez dialoguer avec des archétypes.

L'EMPEREUR

Génial !
(Checkant.)
Nous allons répéter ! Préparez-vous…
(Comme un metteur en scène, il distribue alors les rôles. À la Gauche.)
Toi, tu vas jouer le jeune de banlieue.

LA GAUCHE

Euh, oui, mais bon, en fait, je ne les connais pas du tout… Il faut terminer toutes mes phrases par « Yo », « Wesh », c'est ça ?

L'EMPEREUR, *s'adressant à la Droite.*

Toi, tu me joues un plouc.

LA DROITE

Oui, oui, je vois un type de la campagne, quoi, avec l'accent ?

UNE CONSEILLÈRE

Je peux jouer une mère célibataire, si vous voulez.

Des portes claquent, on entend des cris. Les lumières se rallument.

« Temps suspendu »

L'interruption !

Un régisseur vient de surgir sur la scène. Dans la salle, on découvre en même temps LE metteur en scène de la pièce. Il est le véritable maître des lieux. Il dirige les Acteurs depuis le début des années, période où le théâtre a vraiment pris son essor. Étrangement, le temps ne semble avoir aucune prise sur lui : il a l'apparence d'un jeune homme de vingt ans. Glacial, directif, son charisme hors norme hypnotise les Acteurs. Détail étonnant, il a la particularité de ne pas se refléter dans les nombreux miroirs du théâtre.

LE METTEUR EN SCÈNE, *pontifiant.*

Qu'est-ce qu'il y a encore ?

LE RÉGISSEUR, *timidement.*

C'est LE PEUPLE qui vous demande.

LE METTEUR EN SCÈNE, *rogue.*

Le quoi ? Mais il joue déjà avec nous ?

LE RÉGISSEUR

Non, le VRAI Peuple, celui qui vit la Réalité. Ils sont six pour le représenter, toute une famille, je crois. Et je ne comprends pas, ils disent qu'ils sont « en quête d'auteur ».

LE METTEUR EN SCÈNE

En quête de quoi ?

Du plateau, en même temps, le metteur en scène et les Acteurs se tournent, étonnés, pour regarder dans la salle.

LE RÉGISSEUR

Je crois que le Peuple vient d'arriver avec sa famille.

LE METTEUR EN SCÈNE, *furieux.*

Mais je croyais qu'il vivait à Périphéria, le Peuple !

LE RÉGISSEUR

Mais ils sont venus pour vous parler.

LE METTEUR EN SCÈNE

Mais je suis en pleine répétition. Et vous savez bien que pendant les répétitions, personne ne doit entrer… Surtout pas le Peuple, merde ! Et en plus, il fait déjà partie du décor… Enfin, de la pièce. Bref, je veux dire que le rôle est déjà pris !

(Se tournant vers le personnage qui joue le Peuple.)

C'est un beau rôle, non ?

Le comédien opine de la tête.

LE RÉGISSEUR

Non, ce n'est pas cela, ils disent qu'ils sont à la recherche d'un auteur.

LE METTEUR EN SCÈNE

Pftt, d'un quoi ?

Le régisseur

D'un « auteur » ! En quelque sorte, ce sont six personnages qui sont en quête d'un auteur qui les représenterait vraiment ?

Le metteur en scène

Mais rassurez-moi, c'est une plaisanterie ! J'ai avec moi les meilleurs auteurs, ils savent tout du Peuple... Des sondeurs, des académiciens, les meilleurs chercheurs, j'ai même la Gauche et la Droite qui peuvent écrire ! ET ils veulent un OOOOteur !

Acquiescement et rire de tous les conseillers.

(Le même, las.)

Bon, faites-les monter sur scène, on va rire !

Le Peuple monte sur scène. En tête, une infirmière, un cariste, qui est aussi chauffeur routier (qu'on appellera l'ouvrier), un autoentrepreneur, un artisan, un paysan, un retraité, une jeune au chômage et un petit chien. Les Acteurs, abasourdis, échangent des regards.

Un conseiller

Un chien ? Comme s'il n'y avait pas déjà assez de cabots ici !

La Gauche, *se penchant vers la Droite, chuchotant.*

Tu as vu comment ils sont attifés ?

La Droite contient un rire nerveux.

LE METTEUR EN SCÈNE, *vers la salle, s'adressant au Peuple (faisant mine de ne pas savoir).*

Qui êtes-vous ? Qu'est-ce que vous voulez ?

La Gauche, qui ne voulait pas perdre une miette de la conversation, se rapproche discrètement (cela faisait si longtemps qu'elle n'avait pas approché le Peuple).

LE COMÉDIEN QUI JOUE LE PEUPLE DANS LA PIÈCE

Et moi, je deviens quoi ?

LE METTEUR EN SCÈNE

Vous, vous vous taisez.

L'INFIRMIÈRE

Nous sommes désolés d'interrompre votre spectacle, mais nous n'en pouvons plus. L'interprétation insipide du personnage du Peuple est dégradante, vous nous insultez !

LA GAUCHE, *narquoise.*

Vous m'en direz tant !

L'OUVRIER

Nous ne ressemblons pas à ce crétin analphabète.

LA GAUCHE

C'est pourtant un rôle qui a été validé par l'Académie !

L'OUVRIER

Ce qu'elle veut dire, c'est que nous souhaiterions que cette pièce représente notre Réalité.

LE METTEUR EN SCÈNE

La Réalité, la Réalité ! Mais enfin, vous êtes stupides ! Cela ne peut pas être. Mes pauvres amis, je vous rappelle que c'est du théâtre, la Réalité n'a rien à faire ici ! Ce qu'on joue n'est qu'une imitation de la Réalité.

L'OUVRIER

C'est bien pourquoi nous sommes à la recherche d'un auteur qui puisse la raconter.

LE METTEUR EN SCÈNE, *abasourdi.*

D'un auteur, mais de quel auteur parlez-vous ?

L'ouvrier

N'importe lequel, Monsieur, du moment qu'il prend en compte notre quotidien, le travail, le manque de services publics, et puis surtout notre dignité, nos valeurs, notre existence.

La Gauche, *marmonnant.*

Être les auteurs de leur propre vie ! Mais pour qui se prennent-ils ? C'est moi qui ai toujours écrit leur histoire.

La Droite, *timide.*

... Moi aussi je suis capable d'écrire.

Le metteur en scène

L'existence ? Mais nous ne parlons que de cela, chère amie.

La jeune fille, *malicieuse.*

Alors, tant mieux, Monsieur, tant mieux ! Nous allons pouvoir récrire votre pièce !

Un conseiller, *au milieu des commentaires animés et des rires des autres.*

Non mais, vous entendez ça !

LE METTEUR EN SCÈNE

C'est une plaisanterie ?

LA RETRAITÉE

Non, Monsieur, que dites-vous là ! Bien loin de plaisanter, nous vous apportons un drame douloureux.

UN CONSEILLER

Un « drame », vous m'en direz tant ! Quelle exagération !

LE PAYSAN, *se tournant vers le metteur en scène.*

Oh, Monsieur, vous savez bien que votre pièce narre d'innombrables absurdités qui poussent l'impudence jusqu'à n'avoir même plus besoin de paraître vraisemblables. Vous savez que je n'ai que 500 euros de revenus ?

LE METTEUR EN SCÈNE

Que diable racontez-vous là ?

LE PAYSAN

La Réalité !

LE METTEUR EN SCÈNE

Voulez-vous me faire le plaisir de vous en aller, avec votre Réalité : nous n'avons pas de temps à perdre !

L'INFIRMIÈRE

Vous faites un beau métier de fous !

LES ACTEURS, *indignés, en chœur.*

Notre métier est un métier de fous ?

Ils attendent que le metteur en scène se fasse l'interprète de leur indignation.

LE METTEUR EN SCÈNE, *railleur.*

Monsieur le Peuple, je vous serais obligé de croire que la profession de comédien est une très noble profession. Il n'y a aucune folie dans notre travail, au contraire, tout cela est scénarisé par mes soins. Le rôle de mes comédiens est simplement de donner vie sur la scène à des personnages imaginaires. L'empereur, la Gauche, la Droite et mes conseillers-auteurs ont la même fonction : faire paraître vrai ce qui ne l'est pas. Et cela sans nécessité, Monsieur : par jeu... Vous comprenez ?

LES SIX PERSONNAGES DU PEUPLE, *en chœur.*

Pourrions-nous au moins vous présenter un texte ?

LE METTEUR EN SCÈNE

Mes conseillers-auteurs portent à la scène des pièces stupides et des pantins au lieu d'êtres humains, et sachez que c'est exactement ce que je leur demande, c'est même ma fierté !

LE PEUPLE

Mais tout est faux, alors ?

LE METTEUR EN SCÈNE

Oui, c'est moins réel peut-être, mais ça a l'air vrai, vivant.

Les Acteurs, satisfaits, approuvent et applaudissent leur metteur en scène.

LES ACTEURS

Mais oui ! Parfaitement ! Nous sommes tout à fait du même avis !

LE METTEUR EN SCÈNE

Tout cela est très joli ! Mais qu'est-ce que vous voulez exactement ?

LE PEUPLE

« Vivre », Monsieur !

LA DROITE, *ironique.*

Pour l'éternité ?

UN CONSEILLER

Eh bien, celle-là !

LA GAUCHE, *hilare.*

J'espère qu'ils ne veulent pas vivre en nous en tout cas ? J'ai le souvenir pénible qu'il y a un siècle, je cohabitais avec le Peuple… Un véritable enfer !

LE PEUPLE, *au pouvoir.*

Si vous le voulez on pourrait récrire le texte sur-le-champ, de concert ! Donnez-nous notre chance !

LE METTEUR EN SCÈNE, *agacé.*

De concert ! De concert ! Sur cette scène, on ne donne pas ce genre de concerts ! Sur cette scène, on joue des drames et des comédies !

L'OUVRIER

Bien sûr ! C'est précisément pour cela que nous sommes venus vous trouver !

LE METTEUR EN SCÈNE

Vous avez un manuscrit ?

LE PEUPLE

Il est en nous, Monsieur.
(Les Acteurs rient.)
Le drame est en nous ; et nous sommes impatients de le représenter, comme nous y pousse la passion qui est en nous !

LES CONSEILLERS, *en chœur.*

Et si on leur faisait faire un essai ?

LE METTEUR EN SCÈNE, *sceptique.*

Eh bien, si cela vous amuse, voyons cela…

Les six personnages investissent la scène et se préparent à jouer eux-mêmes devant la troupe… Sans vraiment savoir s'ils jouent leur réalité dans une fiction, ou l'inverse.

LA GAUCHE, *railleuse et perfide.*

Eh bien, écoutons les analphabètes !

Elle montre du doigt le cariste. L'ouvrier, humilié, lui saute au cou.

LE CARISTE, *avec une brusque colère.*

Toi, pour le moment, reste à ta place ! Et je te serais reconnaissant de ne pas rire comme ça !

La Gauche, tremblante, poussant des gémissements étouffés, regarde dans la direction du groupe. Elle a sorti une arme et vide son chargeur sur l'ouvrier, le paysan et l'infirmière. La jeune femme et la retraitée poussent des cris déchirants au milieu de l'émotion générale. Dans cette confusion, les comédiens se fraient un passage pour se cacher dans la salle. Tous, à l'exception du metteur en scène et de la jeune femme, ont disparu.

LES ACTEURS, *revenus en scène.*

Ils sont morts ! Les pauvres ! Oh, quelle histoire !

L'INFIRMIÈRE

De la fiction ? Mais c'est une réalité ! Une réalité ! Ils sont vraiment morts !

LA GAUCHE, *lugubre.*

Qu'est-ce que vous me racontez avec votre fiction ! C'est une réalité, Mesdames et Messieurs ! Une réalité !

LA DROITE, *en riant.*

Morts ? Mais non ! C'est de la fiction ! De la fiction ! Ne vous y laissez pas prendre !

Plus personne ne sait si c'est de la fiction ou bien la réalité des personnages. Plus personne ne détient LA vérité. Tout est devenu chaos.

LE METTEUR EN SCÈNE

Ça suffit. Allez au diable, avec votre réalité ! Nous jouons pour la fiction, c'est tout. Ah ! C'est bien la première fois qu'une pareille chose m'arrive ! Ils m'ont fait perdre une journée ! Lumière ! Lumière ! Lumière !

Soudain, le plateau du théâtre et la salle du théâtre tout entière sont inondés d'une très vive lumière. Les six personnages sont évacués par la sécurité. Le metteur en scène respire, comme libéré d'un cauchemar, et s'adresse aux Acteurs.

LE METTEUR EN SCÈNE

Demain, vous jouez l'acte II.
(Se tournant vers l'empereur.)
Pas d'improvisation, cette fois-ci. Compris ?
La petite troupe quitte le théâtre.
(S'adressant à l'électro.)

Eh, électro, éteins tout !

Le metteur en scène ramasse ses affaires, il reste seul sur scène. Le théâtre est plongé dans la plus complète obscurité. On entend la voix du metteur en scène qui parle seul.

Ils veulent qu'on écrive leur histoire, eh bien, ils vont être servis. Demain, cette pantalonnade va virer au tragique…

ACTE II

Scène 1

Où l'empereur décide d'en finir

L'empereur reçoit un explorateur qui revient tout juste de Périphéria.

L'EMPEREUR

Résumez-moi la situation. Comment vivent-ils ? Est-ce que votre voyage a été dangereux ?

L'EXPLORATEUR

Bien des choses me reviennent à l'esprit qui, dans les coutumes et les lois de ce peuple, me semblent des plus absurdes. Leur façon de faire la guerre, de concevoir le culte et la religion… Tout cela n'avait aucun sens, mais le plus choquant est ailleurs…

L'EMPEREUR

Parlez !

L'EXPLORATEUR

Eh bien voilà, je suis désolé de vous apprendre que les autorités de Périphéria ont voté une nouvelle forme de Constitution, qu'elles veulent appliquer rapidement à l'ensemble de la planète. Au fond, ils veulent retrouver leur souveraineté.

L'EMPEREUR

Que dit cette Constitution ?

L'EXPLORATEUR

Les principes fondamentaux de cette Constitution reposent sur la communauté et le partage des ressources, le bien commun, la mise en valeur de l'échange, le primat donné au don et au contre-don, et la fin de l'emprunt, ce qui équivaut à l'écroulement de la monnaie sur laquelle, vous le savez, repose notre majestueuse civilisation.

L'EMPEREUR

Décidément, je reconnais volontiers qu'il y a dans cette république périphérienne bien des choses que je souhaiterais ne jamais voir dans nos cités métropoliennes.

Il faut absolument empêcher cela ! Et le plus tôt sera le mieux !

(Soudain, son visage s'illumine.)

Il faut envoyer des troupes au sol, merde ! Il faut envoyer des mecs qui nous règlent tout ça « Manu » *militari*. Faites venir le ministre de l'Armée impériale !

Quelques minutes plus tard, le corpulent ministre perruqué s'avance tout essoufflé dans le bureau de l'empereur.

LE MINISTRE DE L'ARMÉE IMPÉRIALE

Majesté, mais nous n'avons plus d'armée depuis bien longtemps, et notre capacité de production d'armes est maintenant proche de zéro. Par ailleurs, vous savez bien qu'aucun Métropolien n'est prêt à mourir pour Métropolia.

L'empereur n'en peut plus.

L'EMPEREUR, *agitant sa main.*

Allons, allons, du balai… Puisque personne ne veut la guerre ici, nous allons passer à la vitesse supérieure, au deuxième acte. Nous avons assez tergiversé. Il faut faire intervenir le Haut Clergé. C'est lui qui doit prendre les choses en main, afin de faire comprendre définitivement aux Périphériens qu'ils n'ont aucun droit sur leur terre, aucun. Tout simplement parce qu'ils ne font pas partie de l'humanité.

Ces mots sidèrent l'explorateur et les conseillers. Mais de quoi parle-t-il ? L'empereur prend son téléphone.

LE HAUT CLERGÉ, *décrochant.*

Nom de code ?

L'EMPEREUR

« Controverse ».

HAUT CLERGÉ

Je vous écoute.

L'EMPEREUR

Je suis prêt à organiser le grand procès dont vous me parliez.

LE HAUT CLERGÉ

Il est temps ! Je crois, Majesté, que vous avez eu tort de leur faire croire qu'ils étaient nos égaux. Pour nous sauver, il faut les exclure de notre humanité métropolienne. Et nous n'allons pas débattre pendant des mois !

L'EMPEREUR

Mais que voulez-vous dire ?

LE HAUT CLERGÉ

Il faut truquer le procès.

L'EMPEREUR

Truquer, truquer, quel grand mot ! Il faut juste que cela ait l'air équilibré. Je veux du contradictoire, de la controverse !

LE HAUT CLERGÉ

Nous sommes d'accord. Et à la fin, nous aurons tranché, une bonne FOIS pour toutes, LA question de savoir si les gens ordinaires ont une âme !

L'EMPEREUR

Oui, et nous connaissons tous les deux la réponse : nous ne nous laisserons pas berner par des témoignages larmoyants. Pas de sensiblerie !

HAUT CLERGÉ

Pour être crédibles, je pense qu'il faut que les débats se tiennent sur Périphéria. J'ai pensé à une petite ville dans la vallée des délices, la ville des olives. Point important : il faut leur trouver un défenseur, un illuminé, un crétin, mieux, un Idiot !

L'EMPEREUR

Je m'en occupe.
(Raccrochant et se tournant vers ses conseillers.)
Il faut un représentant, une personne qui puisse représenter les ploucs.

CONSEILLER 1, *hilare.*

Vous recherchez un auteur ?

L'EMPEREUR

Non, ça suffit, ces histoires d'auteur. Non, je veux un défenseur qui les décrédibilise.

CONSEILLER 2

J'ai un type très bien, il vient de l'Arizona périphérique, il est complètement cinglé, tatoué, complotiste, nazi. Il est toujours vêtu de sa tenue « chamanique », assortie à une peinture de guerre rouge, blanche et bleue. En plus, il porte une coiffe en peau de coyote, équipée de deux cornes de buffle.

CONSEILLER 3

Ah oui, il est génial, lui, c'est parfait.

L'EMPEREUR

Décidément, vous n'avez rien compris. Il nous faut quelqu'un d'un peu structuré. Il faut que nous paraissions crédibles nous aussi.

L'EXPLORATEUR

On m'a parlé d'un type qui reprend les thèses d'un écrivain dépassé et controversé, un certain Orwell. Il ne cesse de radoter avec son concept fumeux de décence ordinaire. Ce serait pas mal, non ?

L'EMPEREUR

Parfait. Comment s'appelle ce fou ?

L'EXPLORATEUR, *hésitant.*

… Euh, ça commence par Miche… ?

CONSEILLER 1

Michea, le paysan-philosophe ?

CONSEILLER 2

Non, non, ce n'est pas ça. J'en ai entendu parler de ce déséquilibré, son nom est Michkyne !

L'EMPEREUR

Michkyne ? C'est un nom d'origine russe ? C'est pas mal ça, un Russe, ça fait complotiste ! Il est donc proche du dictateur russe ? Des gens ordinaires représentés par un Russe, on a quasiment déjà gagné la partie ! Qui est-il ?

CONSEILLER 2

Ce fou n'a jamais fait carrière, il prône la liberté et le collectif en même temps. Il prêche pour le respect des autres. Résultat : il est ruiné.

LA GAUCHE

Le respect des autres ! Mais comment est-ce même envisageable ? C'est une négation du Moi, c'est impossible ! Mais quel pitre !

CONSEILLER 2

Le problème est que ses idées se répandent. Partout se multiplient les demandes de politiques publiques, le commun redeviendrait à la mode !

L'EMPEREUR, *dubitatif.*

Le commun, je veux bien, mais, AU FOND, expliquez-moi pourquoi il est suivi ? Il parle d'argent ? de révolution ? de lendemains qui chantent ?

CONSEILLER 2

Rien de tout cela. Son discours, enfin, sa folie, repose sur l'idée de décence collective, l'idée qu'il y aurait en chacun de nous une morale en soi. Il ne croit à aucune religion, à aucun ciel étoilé, mais à la vie sur la terre.

L'EXPLORATEUR

Il raconte même qu'il détient une vérité que ne pourraient comprendre les habitants de Métropolia, qu'il accuse de s'adonner sans gêne au commerce, à l'idolâtrie de l'argent et à l'égotisme.

L'EMPEREUR

Incroyable ! Si nous ne le stoppons pas tout de suite, notre travail pour la marchandisation universelle risque d'être remis en cause. Nous risquons un retour à l'animalité du collectif. C'est très préoccupant. Enfin, quand même, nous sommes arrivés au sommet de la civilisation avec la marchandisation des corps, des sentiments, du sexe, de l'amour ! Nous n'allons pas laisser un crétin ruiner tous ces efforts ! Si ses théories l'emportent, cela pourrait mettre un terme au marché-roi. Vous imaginez, ce serait un retour à des temps obscurs, quand l'échange, le don, le contre-don, la collectivité, les solidarités étaient la norme !

L'EXPLORATEUR

En attendant, sa réputation est de plus en plus forte, de grandes foules affluent pour l'entendre, il paraît que certaines personnes viennent le voir pour être guéries de leurs maladies de l'âme, vous imaginez ? Il flatte les gens en leur martelant que « la décence ordinaire sauvera le monde ».

CONSEILLER 2

C'est vrai, on l'a aperçu hier sur une colline illuminée par la lumière du soleil de Périphéria, devant des milliers de déplorables. Il paraît que, pour écouter leur prophète, qu'ils appellent « le prince », ils ont emprunté les routes les plus pénibles, pour traverser « le bien et le mal », disent-ils.

L'EXPLORATEUR

Je confirme. Et j'ajoute que douze fidèles le suivent partout et prêchent à leur tour.

CONSEILLER 2

Pfft, un prince ! En fait, c'est surtout un rêveur, quand on le voit, on a l'impression qu'il est ailleurs…

L'EXPLORATEUR

Oui, c'est un ingénu, il dégage une certaine candeur.

L'EMPEREUR

Candeur ? Ingénuité ?... Vous voulez dire que c'est d'abord un IDIOT ?

CONSEILLER 2

Oui, c'est ça, un Idiot.

L'EMPEREUR

Bon. Parfait. Appelez ce fou, il sera parfait pour le procès.

Scène 2

Les classes populaires ont-elles une âme ?

C'est donc en Castille périphérique, dans le joyau de l'université de Valladolid, que s'ouvre le procès. Le bâtiment est situé à proximité de la maison de ce marin italien, Cristoffa Colombo, qui a découvert Périphéria, il y a fort longtemps. Le débat politique et religieux organisé par le Haut Clergé doit trancher la question de savoir si les classes populaires ont une âme. Toute la noblesse de Métropolia a fait le déplacement à l'université. Ces femmes et ces hommes perruqués ont pris place dans le grand amphithéâtre, les costumes sont somptueux. Réalisées avec des tissus d'excellente qualité, travaillés et confectionnés en Italie, leurs tenues varient en fonction de la congrégation religieuse : les journalistes en tuniques blanches, robes de bure rouge sang pour les académiciens, les intellectuels en noir, et enfin, les politiques avec un costume vert, la couleur de l'espoir ; leurs manches sont si larges qu'elles permettent tous les effets. Le plafond de l'amphithéâtre est un chef-d'œuvre de la Renaissance métropolienne. Y est représentée la planète Lumière. Au milieu du planisphère, écrite bien visiblement, la devise de Métropolia : « Ne pas savoir mais croire ». Sur la scène, à gauche, le prétoire ; à droite, le box des accusés. De nouveaux personnages sont présents : Kurtz, le Grand Inquisiteur, et le moine-avocat Las Casas, qui représente la défense. Le prêtre-président prend la parole pour expliquer la raison de ce procès.

LE PRÊTRE-PRÉSIDENT

Nous sommes réunis aujourd'hui pour répondre à plusieurs questions. La première est de savoir si les Métropoliens peuvent se fonder sur un « droit de conquête » pour dominer et convertir par la force les populations indigènes de Périphéria. Les Périphériens peuvent-ils être, comme ils le prétendent, légitimes possesseurs d'un territoire qu'ils n'ont jamais su faire entrer dans la modernité ? Si tel n'était pas le cas, ce qui semble évident, il sera nécessaire de déterminer si ces êtres, qui certes sont bien vivants, ont une âme. Pour commencer, je voudrais donner la parole à la raison et au grand théologien Kurtz, qui nous fait l'immense honneur de mener l'acte d'accusation.

Kurtz, connu pour son austérité, sa dévotion et son érudition, est aussi le confesseur de l'empereur. Surnommé le Grand Inquisiteur, il menait depuis des années une politique religieuse très coercitive au nom de l'unité de Métropolia. Il menait sa mission avec un zèle redoutable et un manque de pitié. Sous son autorité, des milliers de condamnations à mort ont été prononcées. Son objectif était de reconquérir les cœurs et les âmes métropoliens, mais aussi de chasser hors des terres métropoliennes les hérétiques. Avec ses yeux bleus particulièrement froids et son teint pâle, il semble tout droit sorti du cœur des ténèbres. Il est aujourd'hui l'un des principaux partisans de la conquête de Périphéria, et donc un grand défenseur de la colonisation universelle des esprits.

KURTZ

Merci, Président. Au préalable, je voulais rappeler que, nous, Métropoliens, portons des valeurs universelles, et que nous ne sommes pas dans l'idée que les habitants de Périphéria seraient des « esclaves naturels » que nous pourrions soumettre par la force puisque, j'insiste, nous portons très haut cette question du « vivre ensemble ». Ce préambule étant posé, nos anthropologues sont très clairs : la particularité du Périphérien est d'abord sa force corporelle. Cela pose donc la question de savoir s'il n'est pas esclave par nature. Cette hypothèse semble confirmée par nos géographes de terrain, qui décrivent dans tous leurs écrits une forme d'arriération des esprits.

LE PRÊTRE-PRÉSIDENT

Je donne la parole à la défense, M. Las Casas.

LE MOINE-AVOCAT LAS CASAS

J'ai plusieurs questions. Comment pouvons-nous traiter mieux nos animaux que les Périphériens ? Comment est-ce possible ? Comment pouvons-nous ne pas faire la différence entre un être humain et le monde animal ? Pourquoi un Périphérien devrait-il avoir honte de ce qu'il est ? Je viens aujourd'hui défendre l'idée que la culture périphérienne fait partie de la diversité des cultures de l'humanité. C'est pourquoi je considère que la conquête de Périphéria est immorale.

Le ténébreux théologien Kurtz sort ses armes. Grand lecteur d'Aristote, il s'inspire du philosophe de La Politique *pour écrire ses réquisitoires, notamment de cette possibilité qu'y défend le philosophe grec « d'encadrer des civilisations dès lors qu'elles sont moins développées ».*

KURTZ

Je soutiens ici que le niveau de civilisation métropolienne – sa culture, son mode de vie – rend légitime la conquête culturelle de Périphéria. Seule notre présence peut inspirer aux Périphériens des valeurs de tolérance et de protection de la nature dont ils sont dépourvus. Nous devons les éveiller ! L'évangélisation des populations autochtones est vitale si nous souhaitons offrir un univers sain aux futures générations. N'oubliez jamais qu'il y a des justes causes à la guerre culturelle que nous menons. Ces gens que vous appelez « ordinaires » sont médiocrement humains. Ils sont dépourvus de toute science et de tout art. Ils ne possèdent aucun monument du passé, aucune véritable culture, si ce n'est une affreuse « culture de masse ». Avez-vous déjà observé certaines de leurs peintures naïves aux évocations si imprécises ? Par ailleurs, ils n'ont jamais écrit leur Constitution, ni leurs lois. Leur organisation ne tient que sur des coutumes, des traditions qu'ils appellent « *common decency* ». Je juge donc entièrement compatibles la colonisation et la soumission de Périphéria avec la doctrine métropolienne.

LE MOINE-AVOCAT LAS CASAS, *s'emportant.*

Mais ils n'ont jamais eu le droit d'écrire ni leur Constitution ni leurs lois !

(Se reprenant.)

Je voudrais rassurer notre noble public, je crois bien sûr à la supériorité de notre civilisation métropolienne, mais cela nous oblige. Nous pouvons considérer les habitants de Périphéria comme différents, mais nous devons les compter comme nos égaux dans l'univers.

KURTZ

Je m'oppose totalement aux délires du moine Las Casas, qui, je le rappelle, a des origines périphériennes. Sauf erreur, je crois même qu'il est né sur Périphéria et n'a obtenu sa nationalisation métropolienne qu'il y a peu de temps.

LE MOINE-AVOCAT LAS CASAS

Permettez, et puisqu'on évoque ici mes origines périphériennes, dont je n'ai absolument pas honte, je voulais rappeler ici que Kurtz n'est pas seulement défenseur de la colonisation, il en profite. Si je ne me trompe pas, vous êtes propriétaire d'une exploitation agroalimentaire sur Périphéria ? Vous y produisez des produits dits « bio », que vous vendez à prix d'or dans les métropoles, en exploitant des milliers de travailleurs périphériens que vous payez une misère.

KURTZ, *agacé.*

Ce n'est pas le sujet. Je défends ici que la guerre de conquête est juste, et que c'est l'impérialisme, pardon, l'universalisme métropolien qui nous porte, et rien d'autre. Nous avons le devoir d'enseigner à ces peuplades des modes de vie justes et humains. Et puis, il suffit de se promener dans Périphéria pour se rendre compte de l'infériorité de cette société indigène.

LE PRÊTRE-PRÉSIDENT

Oui, je ne peux aller que dans ce sens, puisque j'ai devant moi des travaux de l'Académie qui font même référence à des sacrifices humains, lesquels seraient courants dans les zones rurales les plus reculées.

LE MOINE-AVOCAT LAS CASAS

La loi naturelle impose un droit naturel ! L'établissement d'une société, bref, d'une civilisation, est une chose naturelle à l'homme, et, toutes les sociétés étant égales en dignité, nul ne peut se fonder sur l'infériorité supposée de leur développement pour les soumettre. Dans cette perspective, parce que je défends l'égalité générique des êtres humains, je pense qu'il est nécessaire de se consacrer à l'évangélisation, mais de limiter la colonisation à l'envoi de quelques prédicateurs sans aucun appui militaire.

Dans l'amphithéâtre, l'intervention de Las Casas soulève un concert de huées.

LE PUBLIC

Oouuh ! Traître ! Sortez-le ! Vendu ! Complotiste ! … Fasciste !

Le prêtre-président demande le silence et prend la parole.

LE PRÊTRE-PRÉSIDENT

Je remercie Messieurs Kurtz et Las Casas pour leurs précieuses interventions. J'en viens à la question centrale, celle qui nous réunit aujourd'hui : le Peuple a-t-il un libre arbitre, les Périphériens ont-ils une âme ? Pour traiter ce point sensible, je vais demander à un homme de science, un membre éminent de l'Académie, de nous éclairer de ses lumières objectives. Marquis de MégaMicro, veuillez nous rejoindre.

Paré de sa plus belle perruque, le marquis de MégaMicro (N.B. : il a acheté son titre de marquis après la validation par son parrain d'une thèse consacrée à la possibilité de piéger les rayons du soleil dans des concombres) s'apprête à prendre la parole.

LE MARQUIS DE MÉGAMICRO

Cela fait des décennies que j'ai objectivé « méthodobjectivement », avec des milliards de chiffres, des centaines de milliers de tableaux de bord statistiques et des centaines de modélisations de cartes dernier cri, que le Peuple est responsable de toutes les dérives totalitaires. Nous nous sommes aussi beaucoup appuyés sur les travaux d'un éminent collègue, l'historien Arthur de Gobie, et son livre-maître, *Essai sur la race périphérienne*. Compte tenu de tous ces travaux, et toutes « choseuh-égaleuh-par ailleurseuh », je crois pouvoir certifier que, scientifiquement, les classes populaires rappellent en tout point l'animalité du singe.

LE PRÊTRE-PRÉSIDENT, *extatique.*

Absolument passionnant ! Je remercie notre ami universitaire pour sa captivante intervention, qui permet scientifiquement, et donc objectivement, de recadrer le débat.

(Se tournant vers la salle.)

Mais, et parce qu'à Métropolia l'opinion est libre, notre procès ne serait pas équilibré si nous n'entendions celui qui rassemble les foules à Périphéria.

KURTZ, *bondissant.*

Mais, ce n'est pas prévu ?

(Furieux, il se dirige vers le président, il chuchote.)

C'est scandaleux, Las Casas les défend déjà, nous n'avons pas besoin d'un autre avocat.

LE PRÊTRE-PRÉSIDENT, *messe basse.*

Kurtz, vous savez très bien que tout cela est une mise en scène. Si on ne le fait pas intervenir, on pourrait imaginer que le procès est truqué, cela pourrait provoquer des troubles sur toute la planète. Nous devons entendre leur pseudo-prophète, de toute façon, il est délirant, ce qu'il va dire n'aura aucun sens.

(Se tournant vers l'huissier.)

J'invite les huissiers à faire entrer M. Michkyne, « le prince de la culture dite populaire ».

Rires dans la salle. Un homme sans âge s'avance. Grand, sa chevelure est épaisse, il a les joues creuses, il porte une longue barbe. Ses yeux sont grands, leur fixité a quelque chose d'inquiétant. C'est en fait le regard d'un ancien épileptique. Il a souffert d'épilepsie dans son enfance, mais aujourd'hui il est sorti des ténèbres. Sa voix est « douce et conciliante ». Son embarras et sa maladresse à parler en société sont proportionnels à son aisance quand il s'adresse au peuple de Périphéria. Les gens ordinaires disent de lui qu'il est courageux, brave sans être téméraire, mais qu'il ne peut concevoir la nécessité de la prudence. Dans sa vie, il a toujours pris parti pour des causes nobles, celles perdues d'avance, ou des vertus inutiles et menacées à Métropolia, comme la parole donnée, la simplicité, la générosité, l'humilité, le courage, la décence.

LE PRÊTRE-PRÉSIDENT

Première question, M. Michkyne, à propos de votre étrange mode de vie. Il se chuchote que vous vivez dans une très grande sobriété, que vous consommez très peu ? Vous ne semblez pas craindre la pauvreté ? C'est pourtant indigne, d'être pauvre ?

MICHKYNE

Je vis très bien, mais je ne crois pas que l'argent et la consommation aient beaucoup d'importance, non. Au fond, je pense qu'une forme de dépouillement ne porte pas au drame, mais à la joie.

KURTZ

La joie ? Mais c'est un dément ! Comment être dans la joie, si l'on ne peut pas consommer ce qu'on veut ?

LE MARQUIS DE MÉGAMICRO, *explosant.*

Et la carrière, merde ! Vous n'avez jamais fait carrière, sauf erreur, vous avez refusé de passer tous les contrôles académiques ?

MICHKYNE

Je suis sur cette planète pour la vie plus que pour la carrière.

KURTZ

Ah, vous prônez donc l'oisiveté ?

MICHKYNE

Absolument pas, je crois dans la valeur-travail, mais un travail utile : cultiver, inventer, construire, fabriquer, bref, l'alliance saine de la main, de l'esprit et du cœur !

KURTZ

Michkyne, vous êtes complètement fou !

MICHKYNE

Vous savez, la vie est simple. C'est vous qui la rendez impossible et inutilement compliquée.

KURTZ

Je rêve, ou vous êtes en train de nous faire la morale ?
(Obséquieux.)
Vous portez une morale divine à laquelle nous n'aurions pas accès, peut-être ?

MICHKYNE

Absolument pas, la morale dont je parle ne vient pas du ciel, mais de nous-mêmes. Elle se fonde sur une dialectique du quotidien et une conscience des limites. C'est de cette dialectique que nous, les gens ordinaires, tirons notre force, notre instinct de survie, notre simplicité et notre joie.

KURTZ

C'est stupide, vous savez que les vertus morales s'opposent non seulement au développement du marché, mais aussi à la joie !

MICHKYNE

Au contraire. Les vertus ne s'opposent pas au plaisir et à la joie, elles les alimentent. Comme la simplicité.

Abasourdi, le prêtre-président se tourne vers l'académicien.

LE MARQUIS DE MÉGAMICRO

Cher ami, sachez que la simplicité n'existe pas. Pour dire les choses plus simplement, je dirais que tout est beaucoup plus compliqué que ça. Par ailleurs, j'aimerais que vous nous expliquiez cette incongruité que vous appelez « la décence ordinaire », une décence qui donnerait une sorte de supériorité morale aux Périphériens. Sachez que nous travaillons depuis plusieurs années avec l'IA, et nous n'avons jamais trouvé la trace de cette fameuse décence. Rassurez-nous, c'est une pure invention, un délire ? Où sont vos chiffres ? Vous n'objectivez rien, tout cela n'est qu'imprécision.

MICHKYNE

Mais, Monsieur le Marquis, l'imprécision fait partie des vertus humaines. N'en déplaise à votre IA, nous ne sommes pas programmables !

LE PRÊTRE-PRÉSIDENT, *ferme, à Michkyne.*

Taisez-vous, Michkyne.
(Rampant.)
Merci, Professeur. Il est vrai qu'affirmer que la décence et la morale des gens ordinaires existeraient en eux reviendrait *de facto* à trancher notre controverse. C'est une façon sournoise d'humaniser, d'offrir une âme aux Périphériens, sans aucune preuve !

LA SALLE

C'est une folie, du complotisme !

LE PRÊTRE-PRÉSIDENT

Michkyne, nous vous donnons la parole une dernière fois, je vous demande d'être précis.

ACTE III

Michkyne s'était préparé à cette épreuve depuis des années. Ses descriptions philosophiques des contrées qu'il avait traversées contribuaient à sa réputation, mais prêtaient aussi le flanc à la caricature. Il savait que l'annonce de « la possibilité d'une société décente » le faisait passer pour un fou.

Scène 1

MICHKYNE, *le ton plus sombre, solennel.*

Mesdames, Messieurs. Pour commencer, je voudrais remercier Maître Las Casas pour sa courageuse défense, même si, lorsqu'il affirme la capacité qu'ont les indigènes d'abandonner des coutumes inacceptables et de se convertir, je pense qu'il participe aussi, et à son corps défendant, à la négation de ce que nous sommes. Par-delà cette prestigieuse assemblée, je voudrais m'adresser à l'ensemble des habitants de Métropolia.

(Se tournant vers la salle.)

Chers amis, je crains que la richesse que vous avez accumulée ne soit le fruit d'une spoliation. Je crains que le temps libre dont vous disposez aujourd'hui pour vous reposer ne soit en fait que le résultat d'une exploitation du travail des Périphériens, des gens qui sont aujourd'hui abîmés par le coût social, environnemental, économique toujours plus exorbitant de votre confort. Je crains que la liberté même dont vous jouissez n'ait été volée à d'autres. D'ailleurs, votre liberté en est-elle vraiment une ? Il me semble que, pour éprouver la véritable liberté, il faut faire l'expérience du bien et du mal, se confronter à la dialectique du quotidien. C'est ainsi que nous devenons des êtres de liberté, c'est-à-dire des humains dotés d'une âme. C'est cette confrontation au destin qui décide de l'âme des hommes, rien d'autre. Et, comme je crains que vous ne soyez que des âmes mortes – et peut-être damnées –, je ne crois pas que vous puissiez juger de l'humanité des gens ordinaires.

KURTZ

Taisez-vous !

(Se tournant vers le président.)

Il blasphème, il ne peut nous comparer à des âmes mortes.

(Se tournant vers Michkyne.)
Pauvre fou !

LE PRÊTRE-PRÉSIDENT

Objection retenue.

MICHKYNE, *répondant à Kurtz.*

Vous me faites passer pour fou, mais, ce faisant, vous faites l'éloge de votre aveuglement. C'est vous qui êtes le dément ! Vous avez en vous cette mauvaise folie qui est celle des pédants. Et, ne vous en déplaise, c'est la décence et l'espoir qui sont en nous qui sauveront l'univers.

Il est immédiatement coupé par Kurtz.

KURTZ

Ah, l'espoir, il ne manquait plus que cela, il n'y a pas d'espoir ! Cette conception optimiste d'un homme libéré de la civilisation métropolienne est une stratégie déloyale pour remettre en cause notre clergé, c'est tout !

LE PRÊTRE-PRÉSIDENT

Kurtz, laissez-le parler.

Scène 2

MICHKYNE

Votre détresse est pitoyable ! Oui, plutôt que d'annoncer la ruine définitive de l'univers, j'affirme qu'il n'y a rien qui, de ce que l'humanité vit, n'ait déjà été vécu, et donc qu'un renouveau est possible. Tous nos discours et tous nos gestes comptent, ceux que l'on fait, ceux que l'on s'empêche de faire. Donc celui qui désespère de la vie et des événements est un lâche. En réalité, vous ne supportez pas d'avoir été offensés par des gens ordinaires qui ne croient plus en vous, c'est pourquoi je vous entends aujourd'hui croasser comme des grenouilles.

Le public est silencieux, fasciné par la clarté de Michkyne. En s'exprimant avec la force du langage du cœur, il prend nombre de nobles métropoliens au dépourvu. Il poursuit.

Les gens ordinaires assument des vertus qui vous paraissent désuètes ou arriérées, mais vous ne pourrez jamais les annihiler ni les contourner, pour deux raisons. La première est que ces vertus sont portées par la majorité des individus, et que vous êtes structurellement une minorité. La deuxième, la plus importante, est que ces valeurs accompagnent et protègent l'humanité depuis des temps immémoriaux, et nous permettent d'accepter les choses les plus désagréables. Ces vertus expliquent la survie depuis toujours de la société populaire, bien avant vos religions et idéologies. Elle repose sur une qualité dont vous êtes dépourvus, la possibilité de faire confiance, une confiance donnée qui, chez nous, peut aller jusqu'à l'oubli complet de soi-même.

(Se tournant vers la salle.)

Vous savez, j'ai mis longtemps à comprendre ce qui rend intrinsèquement incompatible la cohabitation entre le monde d'en haut et les classes populaires. Je ne parle pas ici de l'évidence, du fait que, dans ce modèle mondialisé, les classes populaires et moyennes n'ont plus leur place (trop nombreuses, trop coûteuses, trop souveraines, trop instruites) et que tout est (et sera) fait pour les mettre à l'écart. Non, je voudrais évoquer ici un point beaucoup plus important, et sur lequel les classes dominantes n'ont strictement aucune prise. Cet élément est le point de rupture originel. Celui qui explique en profondeur le mouvement de contestation existentiel initié par la majorité ordinaire. En effet, dépossédés de ce qu'ils ont et de ce qu'ils sont, les gens ordinaires, contre toute attente, ont su préserver un bien unique, dont est parfaitement dépourvu le monde d'en haut : la décence commune. La permanence, au cœur de Périphéria, de ce précieux capital social et culturel, constitue le môle existentiel sur lequel bute le projet eschatologique du monde individualiste et sans limites que nous impose Métropolia.

Vous remarquerez que cette idée orwellienne d'un sens moral inné des classes populaires, qui les préserve de « l'égoïsme libéral », rend fous le monde d'en haut et son intelligentsia. L'évocation de la permanence d'une société populaire encore attachée au bien commun, à la solidarité, à des valeurs d'entraide et à une forme d'honnêteté leur fait littéralement « perdre les pédales ». Comment comprendre cette agressivité presque irrationnelle ? La raison profonde tient en un mot : la morale. Une morale parfaitement antinomique avec le modèle néolibéral. La société populaire est celle des limites, des contraintes sociales et culturelles, celle du monde « des hommes qui s'empêchent ». Dans une période marquée par « l'extension du domaine du capitalisme », cette morale commune ne peut être tolérée par les tenants d'un ordre économique et sociétal sans limites, où règnent des individus égotiques portés par le seul culte du Moi.

Il y a autre chose. Exhiber la « morale » des gens ordinaires, à un moment où la bourgeoisie métropolienne a abandonné le bien commun, où le relativisme est devenu la norme, où les notions de bien et de mal sont perçues comme un retour au religieux, relève du sacrilège. Car si la morale subsiste, alors il existe aussi des limites à l'extension du marché et au culte de l'ego des hommes sans volonté. Confronté à cette réalité, le pouvoir cherche donc à faire passer cette décence commune pour la résurgence nauséabonde de traditions réactionnaires ou, pire, pour un retour à une morale religieuse (la morale, c'est un vieux truc de cathos, feignent-ils de croire).

C'est évidemment oublier l'essentiel : la morale qui élève la société populaire ne vient pas d'en haut, mais d'elle-même, c'est sa force. « Le ciel étoilé au-dessus de moi et la loi morale en moi », écrivait Emmanuel Kant. Si la religion ou l'idéologie viennent toujours d'en haut (le ciel étoilé), la loi morale est en nous. C'est cette loi morale qui gouverne encore la société populaire et légitime sa révolte. Pour les âmes mortes qui nous gouvernent, comme pour la petite bourgeoisie dite « progressiste », l'existence de cette morale est insupportable, car elle les renvoie à leur vide existentiel. Si j'avais à résumer en profondeur la grande fracture contemporaine, je dirais qu'elle oppose radicalement deux impératifs : un impératif de moralité pour les gens ordinaires, qui est constitutif de leur âme, et un impératif d'amoralité, pour les tenants du modèle.

Une question se pose alors : comment les âmes mortes parviennent-elles encore à légitimer leur pouvoir et leurs fausses valeurs ? Dépourvues de « morale en elles », indifférentes à toute notion de bien et de mal, elles ont remplacé la morale par la moraline et saturent le « ciel étoilé » de nouvelles idéologies dont elles sont les seules législatrices, et qui leur donnent l'illusion de parler au nom du bien. Cette inversion maligne, qui fait passer la moraline pour la morale, est le cœur du chaos anthropologique de Métropolia.

Parée de cette fausse morale, la médiocre petite bourgeoisie des temps modernes nous inonde donc de représentations, dont le seul objectif est de justifier son modèle. Écologisme, antiracisme et féminisme dévoyés, la liste de ces idéologies promues au nom du « bien » (normes qu'elle ne s'applique évidemment jamais) est presque infinie. Comme toutes les idéologies, elles ne visent qu'une chose, légitimer un pouvoir étranger au domaine de la morale, le déculpabiliser, et, *in fine*, justifier le pire des mondes.

Aujourd'hui, ces petits arrangements avec la morale des âmes mortes qui nous gouvernent nous amènent tranquillement à l'autodestruction, au chaos. Aujourd'hui, à l'heure où la décence et les vertus humaines sont déclarées *personæ non gratæ*, je vous oppose notre volonté, notre intelligence collective, la morale qui est en nous, et des vertus qui ne sont pas des contraintes, mais la source de notre joie. Alors, je vous le dis, ne misez pas sur notre désespérance, nous ne faiblirons jamais.

KURTZ, *hurlant.*

Mais cette idée a une visée moralisante ! Invoquer la « décence » et la « morale » pour justifier l'existence d'une âme périphérienne me paraît bien immodeste, outrecuidant, simpliste, et surtout très naïf. Et cette idée d'une « morale en vous », alors que, nous le savons, tout vient toujours d'en haut, est proprement stupide.

MICHKYNE, *souriant.*

Absolument pas, c'est une réplique légère mais existentielle à votre égotisme, cher ami. J'ajoute même que notre morale et notre décence sont peut-être le contraire du laid. Elles possèdent une valeur à la foi esthétique et éthique, très éloignée de votre relativisme, et une réponse à votre mépris de classe.

Scène 3

LE PRÊTRE-PRÉSIDENT

Cette critique du narcissisme et de l'égotisme, en soi, est très désagréable, je dirais même binaire. Enfin, Michkyne, tous les hommes sont petits, menteurs, sans honneur, tous ! Et alors ? Par ailleurs, ajouter, comme vous le faites insidieusement, un soi-disant intérêt de classe des Métropoliens, comme si nous étions assujettis à notre groupe social, est tout bonnement scandaleux. On se croirait revenus au XIXe siècle, au temps de la lutte des classes. D'ailleurs, les Métropoliens ne sont pas d'égoïstes bourgeois, la preuve, ils sont fascinés… Pardon, je veux dire, très concernés, par la souffrance des pauvres d'ici et d'ailleurs. Nous avons toujours tendu la main à l'Autre.

KURTZ, *au bord de la crise de nerfs.*

Tu es un idiot, Michkyne ! Avec tout ton savoir, tu tournes à la folie ! Qu'est-ce qui différencie ton récit d'un récit délirant ? Ton savoir est-il vraiment autre chose qu'une conviction intime mais folle ?

MICHKYNE

Kurtz, ton âme est noire, tu es bien la face cachée de la colonisation des esprits. La puissance du mal dort en toi, mais, au fond, tu n'es qu'une petite créature imbue d'elle-même. Et puis, si tu es théologien, tu devrais savoir que l'apôtre Paul lui-même a été jugé fou. D'ailleurs, il se revendiquait tel, par opposition à tous ceux qui, sous couvert de morale, dévoient le bien commun.

LE PRÊTRE-PRÉSIDENT

Votre temps de parole est dépassé, Michkyne, veuillez sortir, nous allons délibérer.

Michkyne sort en lançant cette phrase curieuse, presque menaçante.

MICHKYNE

Je sors avec les miens, vous nous chercherez toujours, mais je vous le dis maintenant : vous ne pourrez aller où nous allons.

Scène 4

Sur scène : le procureur, le président, Kurtz, Las Casas, le marquis de MégaMicro et l'empereur sont réunis autour d'une table.

LE PROCUREUR

Je crois que les choses sont claires. Nous avons affaire à un illuminé particulièrement dangereux.

LE PRÊTRE-PRÉSIDENT

Je dois dire que son aisance et le culot avec lequel il nous parle de morale m'ont laissé pantois. Il pourrait bien être capable de faire croire aux Périphériens qu'ils sont nos égaux ! Nous ne pouvons évidemment pas laisser passer cela, ce serait ouvrir la boîte de Pandore.

LE MOINE-AVOCAT LAS CASAS

J'ai beau essayer de le défendre, je dois bien reconnaître qu'il a dépassé les bornes.

KURTZ

Bon, je crois que nous pouvons nous mettre d'accord sur un texte qui désavoue sa plaidoirie et confirme définitivement la profonde animalité des classes populaires de Périphéria.

Le marquis de MégaMicro

Aucun chercheur ne pourrait valider sa méthodologie.

Le prêtre-président

Je déclare donc qu'à l'issue d'un procès rapide mais équitable, où tous les arguments ont pu être échangés, il a été entendu, après une longue délibération, que les classes populaires n'avaient pas d'âme, et que, en conséquence, la colonisation de Périphéria pouvait se poursuivre. Nous sommes d'accord ?

Kurtz

Bon, je crois qu'il faut aller plus loin, les éliminer.

Le moine-avocat Las Casas

Mais comment ?

Kurtz

Et si on les dévorait ?

Le prêtre-président

Que voulez-vous dire ?

Kurtz

Eh bien, les manger.

LE MOINE-AVOCAT LAS CASAS

Mais nous ne sommes pas des ogres qui mangent leurs enfants ! C'est du cannibalisme ! Cela pose peut-être une question morale, non ?

KURTZ

Mais ce ne sont pas nos enfants, et ce ne sont pas des enfants, puisqu'ils ne sont pas humains. Nous pourrions d'abord créer des élevages, puis des abattoirs ?

L'empereur, resté silencieux, prend alors la parole.

L'EMPEREUR, *regard halluciné.*

Manger le Peuple, les gens ordinaires, les dévorer une bonne fois pour toutes, c'est pas mal, pas mal du tout ! Nous pourrions ouvrir des fermes géantes avec des miradors. Il faut accélérer ! Nous allons accélérer l'endo-colonisation, réduire les dépenses, les salaires, les pensions sur Périphéria. Je crois que nous tenons enfin mon projet ! Pensez toutefois à préserver un certain nombre de travailleurs pour faire tourner notre petite économie.

Les visages s'illuminent enfin. La petite assemblée est aux anges. Sur scène, dans l'amphithéâtre et dans cette immense salle de théâtre, l'ambiance est fiévreuse et

survoltée. Tous les Acteurs sont revenus sur scène. Dans l'amphithéâtre, la noblesse de Métropolia explose, c'est le grand soulagement !
Les spectateurs sont debout. Le théâtre de Métropolia est sens dessus dessous. Personne ne remarque en haut de la scène un écran qui affiche un compte à rebours. Personne, à l'exception de Michkyne, qui est assis dans la salle. Sur scène, on aperçoit un écran indicateur. Comme dans un aéroport, des mots qui semblent indiquer des destinations qui n'arrêtent pas de changer. Accompagnées d'un compte à rebours, les destinations défilent : « progrès », « nihilisme », « décence », « illusion », « réalité », « individu », « société », « éclair d'idiotie », « idiot », « humour », « rédemption », « simplicité ». Il ne reste que quelques instants avant qu'il n'atteigne le zéro. Une seule personne connaît la destination finale, Michkyne. Il reste trente secondes. Dans l'amphithéâtre, le public et les Acteurs viennent de comprendre, ils échangent des regards inquiets, puis se retournent vers un seul homme : Michkyne. Trois secondes, le public a compris : Michkyne a déposé une bombe, le théâtre va sauter. Le public hurle. C'est trop tard. 0, le mot « Apocalypse » vient d'apparaître sur l'écran. La déflagration pulvérise le grand théâtre de Métropolia.

Et s'il fallait conclure

Je n'ai jamais vraiment cru à la légende selon laquelle notre île avait été créée par les dieux. Je crois que j'avais tort. Le mythe s'imbrique toujours dans la réalité, la transcendance est présente même dans ce qu'on estime être les bas-fonds d'une société. Je sais désormais que notre île est évidemment la demeure du soleil. C'est là qu'il s'est toujours retiré après son trajet quotidien, mais aussi au moment des éclipses.

La lisière de notre île était celle du « mystère », un mystère que vous pouvez choisir de nommer décence, esprit, don, tradition, valeurs, amitié, humilité, solidarité, religion, amour, humour, transcendance, folie, magie, joie, peu importe… Du moment que cela échappe à la maison des morts des clercs à perruques. Ancrés dans ce refuge, nous avons toujours gardé en nous la dimension mystique de la réalité, cette dimension cachée de l'univers qui nous préservera toujours de l'Apocalypse.

Notes

1. C'est mon ami Jean-Claude Michéa qui m'a suggéré de nommer ainsi les deux mondes.

2. Christophe Guilluy, « Municipales : les bobos vont faire mal », *Libération* [en ligne], 8 janvier 2000.

3. Marion Messina, *Faux départ*, Le Dilettante, 2017.

4. Le texte des scènes 2 à 7 a été partiellement publié sous forme de chronique dans le magazine *Marianne*.

Table

Troisième partie
Michkyne

Cet ouvrage a été mis en pages par

<pixellence>

CET OUVRAGE
A ÉTÉ ACHEVÉ D'IMPRIMER
SUR ROTO-PAGE
PAR L'IMPRIMERIE FLOCH
À MAYENNE EN FÉVRIER 2025

N° d'édition : 639557-0. N° d'impression : 106355
Dépôt légal : février 2025
Imprimé en France